GÜTERSLOHER
VERLAGSHAUS

Entdecken Sie mehr auf
www.gtvh.de

Franz Alt

FLÜCHTLING

Jesus, der Dalai Lama und andere Vertriebene

Wie Heimatlose unser Land bereichern

Gütersloher Verlagshaus

Bibliografische Information der Deutschen Nationalbibliothek
Die Deutsche Nationalbibliothek verzeichnet diese Publikation
in der Deutschen Nationalbibliografie; detaillierte bibliografische
Daten sind im Internet über https://portal.dnb.de abrufbar.

Verlagsgruppe Random House FSC® N001967.

1. Auflage
Copyright © 2016 by Gütersloher Verlagshaus, Gütersloh,
in der Verlagsgruppe Random House GmbH, München

Umschlagmotiv: © plainpicture/Kniel Synnatzschke
Druck und Einband: Friedrich Pustet GmbH & Co. KG, Regensburg
Printed in Germany
ISBN 978-3-579-08643-9

www.gtvh.de

»Was sind FLÜCHTLINGE?«, fragt eine Lehrerin
in Nordrhein-Westfalen ihre Schüler.
Die Antwort eines achtjährigen Mädchens:
»MENSCHEN«.

INHALT

3. Integration ist möglich!

4. Selig sind, die Flüchtlingen helfen

1.
IST INTEGRATION MÖGLICH?

»Ich wünschte, ich wäre tot«

Was haben Jesus und der Dalai Lama, ein Flüchtlings-
mädchen aus dem Iran, die prominente US-amerikanische Computerlegende Steve Jobs, Theresia aus
Ungarn, Helene Fischer und Peter Maffay, was haben
gerettete Boat People aus Vietnam und Gastarbeiter in
Deutschland, der badische Revolutionär Carl Schurz
und Papst Franziskus gemeinsam? Sie alle sind (oder
waren) Flüchtlinge oder Kinder von Heimatvertriebenen oder Auswanderern. Hier sind ihre besonderen
Schicksale und Lebensgeschichten. Wichtig ist auch
das Schicksal ganzer Gruppen: Die 11.340 Boat People, die wir vor 35 Jahren in Deutschland aufgenommen haben, leisten in diesen Monaten besonders engagiert Willkommensarbeit für die jetzt ankommenden
Flüchtlinge. Aus Hilfe suchenden Vietnamesen sind
gute Deutsche geworden.

   Täglich verdursten in der Sahara Flüchtlinge, viele
ertrinken im Mittelmeer oder ersticken in einem mit
71 Menschen vollgestopften LKW in Österreich. Sie
erleben seit Jahren Bombenhagel in Syrien oder im
Irak. Frauen werden vergewaltigt. Kinder kommen
ohne Eltern nach Deutschland. Familien werden aus-

einandergerissen. Babies weinen neben ihren verzweifelten Eltern, die vor geschlossenen Grenzen nicht weiterkommen und zusammenbrechen. Mitten in Europa. 2015 und 2016. Viele Menschen haben es einfach satt, immer hungrig ins Bett zu gehen. Menschen, die ihre Heimat verlassen müssen, haben ein Trauma, aber auch einen Traum vom Leben. Bisweilen einen Traum vom Paradies in Europa. Und was tun wir Europäer für die Schmuddelkinder unserer Zeit?

Was haben sie erlebt, diese Schmuddelkinder, bevor sie zu uns kommen? Dem Nahostkorrespondenten Karim El-Gawhary erzählt die Syrerin Soha von ihrer Flucht mit vier Kindern über das Mittelmeer: Ihr Boot war mit 160 Flüchtlingen an Bord gesunken. Soha trug als einzige eine Schwimmweste. »Ihre vier Töchter im Alter zwischen drei und elf Jahren klammerten sich panisch an die Mutter. Die Gruppe drohte unterzugehen, weil die Schwimmweste das Gewicht von fünf Menschen nicht über Wasser halten konnte. Soha war in einer Lage, die sich keine Mutter der Welt vorstellen will. Damit sie nicht alle ertranken, musste sie entscheiden, welches ihrer Kinder sie loslässt. Doch Soha wollte und konnte sich nicht entscheiden, strampelte, um über Wasser zu bleiben, und wartete ab, was als Nächstes geschehen würde. Als erstes ließ die dreijährige Haya sie los, die für immer in den Fluten abtauchte. Dann folgten Sama und Julia in die Tiefe des nächtlichen Meeres. Sechs Stunden später wurde Soha mit ihrer ältesten Tochter Sarah von der ägyptischen Küstenwache aus dem Wasser geborgen. So kam es, dass sie diese Geschichte überhaupt noch erzählen konnte.« Der Journalist Karim El-Gawhary fügt diesem erschütternden Schicksal noch diesen Satz an: »Es gibt viele Sohas, von denen wir nie hören werden.«

Man hört als Journalist solche Geschichten, und ertappt sich beim Gedanken, dass das für ein menschliches Herz und für einen menschlichen Verstand alles zu viel ist. Als ich nach dem zweiten Weihnachtstag 2004 am Indischen Ozean für die ARD über die 230.000 Opfer des Tsunami berichtete, ging es mir genauso. Ich interviewte einen Bischof, der während unseres Gesprächs erfuhr, dass kein einziger aus seiner großen Verwandtschaft den Tsunami überlebt hatte. Es war die Hölle. So auch jetzt.

Viele Flüchtlingsfrauen, die zu uns kommen, wurden zuvor verschleppt, verkauft und vergewaltigt. Dem Reporter El-Gawhary erzählt eine jesidische Frau, die von IS-Schergen traktiert und traumatisiert wurde: »Ich wünschte, ich wäre tot.« Amscha war eine der wenigen Jesidinnen im Irak, die den IS-Terror wenigstens überlebt hatte. Aber wie?

»Mein Kind, und die Tatsache, dass ich ein weiteres im Bauch habe, sind der einzige Grund, warum ich mich noch nicht aufgehängt habe, denn ohne mich könnten die Kinder nicht weiterleben.« Total traumatisiert und nahezu gefühllos erzählt die Mutter über die Islamisten: »Sie haben die Männer, die über 14 Jahre alt waren, vom Rest der Gruppe getrennt und haben ihnen einem nach dem anderen vor unseren Augen in den Kopf geschossen, darunter auch meinem Mann, meinem Bruder, unserem Vater und dem Onkel. Ich weiß nicht mehr, wie viele es waren, aber ich erinnere mich an das Bild, als sie alle in ihrer Blutlache auf dem Boden lagen.«

Amscha, ihre Tochter, ihre Schwiegermutter und ihre Schwägerin galten anschließend als legitime Beute der Dschihadisten in ihrem »Kampf gegen die Ungläubigen«. Sie wurden wie Vieh auf dem Markt feilgeboten und je nach Alter und Schönheit für sechs bis zwölf Euro verkauft. Auf abenteuerliche Weise und mit Hilfe eines mutigen alten Mannes gelang Amscha die Flucht aus der IS-Gefangenschaft. Und wieder frage ich mich, ob sich neonazistische Ausländerfeinde in Deutschland für solche Schicksale überhaupt interessieren.

Erster November 2015: Allerheiligentag. In Berlin treffen sich die Spitzenpolitiker der Großen Koalition, Angela Merkel, Sigmar Gabriel, Horst Seehofer, und ihre engsten Mitarbeiter zum Flüchtlingsgipfel. Selbst wenn in dieser Runde alle Heilige wären, würde es ihnen an diesem Allerheiligenfest schwerfallen, eine befriedigende Einigung zu finden.

Jeden Tag kommen im Herbst 2015 10.000 neue Flüchtlinge über die deutschen Grenzen. Wie viele kommen noch? Wie lange geht das so weiter? Wie sollen wir sie unterbringen oder gar integrieren? Setzen wir weiterhin auf Willkommenskultur? Aufnahme oder Abwehr? Wie viel Abwehr? Wie viel Aufnahme?

Obergrenzen oder Kontingente? Transitzonen an den Grenzen, wie die Union es fordert, oder doch Einreisezentren innerhalb des Landes, wie sie die SPD vorschlägt, und was ist der tatsächliche Unterschied? Vier Tage später einigen sich die Koalitionäre in einem typisch politischen Kompromiss und nennen die Sammelstellen für die Registrierung von Flüchtlingen mit geringen Bleibechancen jetzt »Registrierzentren«.

Die größte Herausforderung

Die Flüchtlingskrise, so schreibt Heribert Prantl in der Süddeutschen Zeitung, »ist eine Herausforderung, wie sie Deutschland seit der Wiedervereinigung nicht mehr zu bestehen hatte. Vielleicht ist die Herausforderung noch größer, weil sie noch mehr Ungewissheiten in sich birgt; es gibt kein Vorbild dafür, wie man es machen könnte, und es gibt, anders als damals, nicht nur einen Streit über den richtigen Weg, sondern einen über das richtige Ziel. Es gibt aber immerhin eine Kanzlerin, die bisher in der Flüchtlingskrise fast so fest steht wie Helmut Kohl im Jahr 1989.«

Vor diesem Gipfel hatte SPD-Chef Sigmar Gabriel gesagt, Deutschland nähere sich »mit rasanter Geschwindigkeit den Grenzen seiner Möglichkeiten«. Die radikalste Abwehrsprache innerhalb der Großen Koalition spricht seit Wochen der bayerische Ministerpräsident Horst Seehofer. Er propagiert «Grenzzäune«, »Notmaßnahmen« und »Obergrenzen« – obwohl all diese Vorschläge dem Buchstaben und erst recht dem Geist unseres Grundgesetzes widersprechen. Wieder einmal übersetzt der CSU-Chef das C im Namen seiner Partei mit »konservativ« anstatt mit »christlich«. Aber er erhält bei Umfragen mehr Zuspruch als die Kanzlerin mit ihrem Leitspruch: »Wir schaffen das.«

In entscheidenden Krisen hatte Deutschland nach 1945 Glück mit seinem politischen Spitzenpersonal: mit Konrad Adenauer und seiner Westpolitik in den Fünfzigern, mit Ludwig Erhardt als Wirtschaftsminister beim Neubeginn, mit Willy Brandt und seiner Ostpolitik in den Siebzigern, mit Helmut Kohl und seiner Wiedervereinigungs- und Europapolitik in den Neunzigern und nun mit Angela Merkel und ihrer humanen Flüchtlingspolitik 2015.

Klartext spricht an diesem Allerheiligentag ein namhafter Ökonom: Marcel Fratzscher als Präsident des Deutschen Instituts für Wirtschaftsforschung (DIW) in Berlin: »Wenn man die letzten 70 Jahre zurückschaut, könnte es eigentlich keinen besseren Zeitpunkt geben, um mit der Herausforderung der Flüchtlingskrise umzugehen.«

Die öffentlichen Haushalte haben riesige Reserven wie noch nie. Fratzscher: »Wir rechnen mit 15 Milliarden Euro Überschüssen für 2016, obwohl dort schon knapp 15 Milliarden für Flüchtlinge berücksichtigt sind. Finanzminister Wolfgang Schäuble wird sowohl 2015 wie auch 2016 die schwarze Null schaffen.« Schäuble hatte schon zuvor voll menschlicher Empathie erklärt: »Was soll das Ziel einer schwarzen Null, wenn gleichzeitig Flüchtlingskinder verhungern?«

DIW-Chef Marcel Fratzscher wirft Teilen der Politik vor, mit den Ängsten der Menschen um einen Verteilungskampf zu spielen. So zum Beispiel, wenn behauptet werde, wegen der Ausgaben für Flüchtlinge müssten die Renten oder andere Sozialleistungen gekürzt werden. Richtig sei das Gegenteil: 2016 werden die Renten um circa fünf Prozent steigen, so stark wie schon lange nicht mehr. Mitte November 2015 prognostiziert die Bundesregierung eine Steigerung der Renten bis 2029 um 39 Prozent. Dabei steigen die Ost-Renten höher als die West-Renten.

Die Ausgaben für Flüchtlinge seien »Investitionen in eine gute Zukunft für uns alle«, sagt Marcel Fratzscher –

ähnlich wie zum Beispiel Investitionen in frühkindliche Bildung. Das Geld komme Jahre später wieder zurück, wenn die Kinder berufstätig sind und über die Steuern mehr als die Summe der früheren Aufwendungen zurückbezahlten.

Auch das Argument, dass Flüchtlinge den Deutschen Jobs wegnehmen, sei falsch: »Der Arbeitsmarkt in Deutschland läuft hervorragend.« Die Arbeitslosenquote ist so niedrig wie seit Jahrzehnten nicht mehr. »Wir haben 600.000 offene Stellen, und das sind nur die, welche ausgeschrieben sind.« Es gibt also nicht zu wenig Arbeitsplätze. Es geht vielmehr darum, Menschen mit den passenden Arbeitsplätzen zusammenzubringen. Die Zahl der Arbeitslosen ist im Oktober 2015 auf den niedrigsten Stand seit 24 Jahren gesunken. Fratzscher: »Gelingt die Integration, ist dies ein Gewinn für alle.«

Für eine gelingende Integration ist es entscheidend, wie gut und wie rasch Flüchtlinge in den hiesigen Arbeitsmarkt integriert werden können. Dafür sind das Erlernen unserer Sprache, Bildung und Ausbildung entscheidende Voraussetzungen. Hier liegt der eigentliche Kraftakt.

Fratzscher sagt auch: »Wenn man sich manche Unternehmen mit tausenden Mitarbeitern anschaut, die uns sagen, dass sie 20 Flüchtlinge angestellt haben, dann ist das etwas kläglich.« Die typisch deutschen Bedenkenträger stellen hauptsächlich die Kosten der Integration in Rechnungen, von den langfristigen Wohlstandsgewinnen ist kaum die Rede. Der Ökonom kann auf positive Beispiele in der ganzen Welt hinwei-sen wie New York, Hongkong, London oder Singapur. In diesen Städten ist der Bevölkerungsanteil der Migranten besonders hoch, und sie profitieren wirtschaftlich stark von der wechselseitigen Verbundenheit von Menschen und Kulturen aus aller Welt. Die genannten Weltstädte sind innovativ, kreativ, dynamisch, kosmopolitisch und relativ reich im Gegensatz zu einigen ostdeutschen Städten, in denen die Angst vor Fremden, die es dort gar nicht gibt, vorherrscht. Vielfalt zahlt sich aus. Und der »Jugendüberhang« der Flüchtlinge ist ein großer Vorteil für eine der ältesten Gesellschaften auf diesem Globus.

Aber leider sind zur Zeit viele Veröffentlichungen zur »Flüchtlingskrise« eher alarmierend als informierend, eher Angst verbreitend als Aufklärung stiftend. Die Vielfalt und Komplexität von Emigration und Immigration, ihre Herausforderungen, aber auch ihre Chancen werden häufig zu vereinfacht dargestellt, um zu vernünftigen und konstruktiven Diskussionen anzuregen. Dabei sind die Probleme der internationalen Migration heute viel besser und umfassender erforscht als noch vor 20 Jahren. Ein Beispiel: 2014 war der gesamten Weltgemeinschaft die Rettung von Menschen vor Ort – zum Beispiel in Flüchtlingslagern der UNO – gerade einmal 24,5 Milliarden Dollar wert. Das musste reichen für die Opfer von Erdbeben, Kriegen und Naturkatastrophen.

Ein lächerlich bescheidener Betrag, so hoch wie die Kosten für einen Wolkenkratzer in New York. Wenn das notwendige Geld nicht zu den Flüchtlingen kommt, dann kommen die Flüchtlinge eben zu uns, zum Geld. Und dieses Problem wird dauern. Millionen Menschen fliehen heute vor Kriegen und Hungersnöten, und morgen werden sie vor dem Klimawandel fliehen, den wir (und nicht sie) zu verantworten haben. Das 21. Jahrhundert wird das Jahrhundert der Flüchtlinge. Das Internationale Rote Kreuz schätzt, dass im Laufe unseres Jahrhunderts 500 Millionen Menschen aus ökologisch labilen Regionen fliehen müssen, allesamt Klimaflüchtlinge und Umweltflüchtlinge. Die UNO geht von 200 Millionen aus. Die Hauptursachen: Die Ausbreitung der Wüsten, die Versalzung und Versteppung, Überschwemmung und Verschmutzung wachsen von Jahr zu Jahr. Ebenso steigt der Meeresspiegel durch den Klimawandel, und etwa ein Drittel der Menscheit wohnt in unmittelbarer Nähe zu den Meeren. Die so genannte Flüchtlingskrise ist mehr als eine Krise der Jahre 2015 und 2016. Immer mehr Menschen akzeptieren es nicht mehr, auf ewig zu den Verdammten dieser Erde zu gehören. Ihr brutales, neues Motto heißt: »Europa oder Tod!« Sie sind bereit, für ihre Flucht alles zu opfern und zu verlassen. Für ein möglicherweise besseres Leben setzen sie alles aufs Spiel.

Gibt es auch eine Chance in dieser Krise? Die fünf Wirtschaftsweisen der Bundesregierung kommen in ihrem Herbstgutachten 2015 zum Schluss, dass die Flüchtlingskrise zum Erfolg der deutschen Wirtschaft beitragen könne. Entscheidend sei allerdings, dass es gelingt, die Flüchtlinge beruflich zu qualifizieren.

Zu demselben Ergebnis kommt auch der Internationale Währungsfonds: Flüchtlinge bereichern Deutschland. Zuwanderung ist auf lange Sicht der stärkste Hebel, die Wirtschaft wieder in Schwung zu bringen. Die Zahl der verfügbaren Arbeitsplätze wird 2016 in Deutschland einen neuen Rekordwert erreichen: 46,2 Millionen. Dank der Flüchtlinge und Zuwanderer. Und davon hängt die Stärke einer Volkswirtschaft ab. Dies sei freilich kein Selbstläufer. Große Investitionen seien notwendig, damit Zuwanderung zum Gewinn für alle wird.

Das nächste deutsche Wirtschaftswunder

Die Gründe für die Massenflucht sind meist schrecklich. Doch aus deutscher Sicht ist die derzeitige Einwanderung die demografische Basis für das nächste deutsche Wirtschaftswunder. Zumal in den nächsten Jahren aus Ost- und Südeuropa weniger Menschen hier einwandern werden. Die jetzige Einwanderungswelle ist für Deutschland eine vorteilhafte Fügung. Das Institut für Arbeitsmarkt- und Berufsforschung (IAB) hat zum Jahresende 2015 errechnet, dass Deutschland bis 2050 jedes Jahr 500.000 Zuwanderer braucht, um die Wirtschaft stabil zu halten. So ließen sich Alterung und Schrumpfung der deutschen Bevölkerung aufhalten. Ohne Zuwanderung fehlen in den nächsten 20 Jahren zehn Millionen Arbeitskräfte.

Zunächst einmal haben Flüchtlinge ein humanitäres Grundrecht auf Hilfe. Gastarbeiter, Flüchtlinge und Migranten haben in den letzten Jahrzehnten aber auch jedes Jahr Milliarden Euro an ihre Angehörigen zu Hause überwiesen. Die beste Entwicklungshilfe, die denkbar ist.

Noch ist nicht sicher, wie viele Flüchtlinge in den nächsten Jahren kommen werden. Sicher aber ist: Ihre Integration wird Kommunen, Länder und den Bund einen zweistelligen Milliardenbetrag kosten. Die Neudeutschen brauchen eine Wohnung, sie müssen sozial und ökonomisch integriert werden, ihre Kinder brauchen Kitas und Schulplätze.

Aber: Auch Flüchtlinge brauchen, gerade wenn sie von ländlichen Regionen in die Städte müssen, ein besser als heute funktionierendes öffentliches Verkehrssystem – und das kommt allen zugute. Viele deutsche Schulgebäude müssen ohnehin flottgemacht werden, und unsere Kitas benötigen mehr und besser qualifizierte Betreuer. Das alles ist ein Investitionsprogramm für die deutsche Bauwirtschaft, für Verkehrsbetriebe und für mehr Bildung. Und das lohnt sich für alle. So könnte Deutschland in vielleicht zwei Jahrzehnten ein für alle attraktiveres Land sein. Solche Investitionen stärken unsere Gesellschaft und die Stabilität unseres Landes.

Vielleicht hilft in dieser Situation der Rat des wohl prominentesten Flüchtlings aller Zeiten weiter: »Seid klug wie die Schlangen und aufrichtig wie die Tauben« (Jesus, Matthäus 10,16).

Dieser Flüchtling aus Bethlehem wurde zum einzigartigsten Menschen der Geschichte. Er hat uns gelehrt, dass es keine Ausländer gibt, sondern nur Brüder und Schwestern unter der einen Sonne des gemeinsamen Vaters im Himmel. Dieser lässt für uns alle dieselbe Sonne scheinen, den fruchtbaren Regen fallen und seinen Segen auf uns alle wirken. Wir meinen noch immer: Religion, Sprache, Hautfarbe, Kultur und Landesgrenzen trennen uns. Dieser prominente Flüchtling lehrte jedoch etwas ganz anderes: dass nichts uns trennt, sondern dass die nie genug zu preisende Liebe alle eint. Und dass es einen globalen moralischen Flüchtlingsimperativ gibt: Behandle Flüchtlinge, so wie du selbst behandelt werden möchtest.

In allen großen Gefühlen sind wir Menschen uns ähnlich: in der Liebe wie in der Trauer um einen geliebten Toten, in der Freude über unsere Kinder wie in der Angst um deren Zukunft, in der Sorge um unsere alten Eltern wie in den Fragen: »Was kommt nach dem Tod? Kommt überhaupt etwas?«

Bei all diesen Fragen spielt es keine Rolle, ob wir eine weiße, schwarze, gelbe oder schokoladenbraune Hautfarbe haben. Ob wir deutsch, türkisch, chinesisch, englisch oder suaheli sprechen. Ob wir arm, reich oder der Mittelschicht angehören, ob arbeitslos oder arbeitsversessen, ob Mann oder Frau.

Jeder Flüchtende ist mehr als eine Arbeitskraft, mehr als ein weiterer Steuerzahler und Finanzier unserer Renten. Flüchtlinge bereichern uns kulturell und spirituell. Die Flucht des Emigranten aus Bethlehem, die sein Leben und seine Lehre erst möglich machte, wurde für die gesamte Menschheit zu einer Bereicherung. In unserer Zeit ist der charismatische Religionsführer Dalai Lama zum »spirituellen Lehrer der Welt und zum großen Vorbild für Toleranz« (Barack Obama) geworden, nachdem er aus Tibet nach Indien geflohen war und dort eine neue Heimat fand. Wir dürfen unser christliches und humanistisches Gedächtnis nicht verlieren. Der Umgang mit Flüchtenden zeigt, was unsere Werte wirklich wert sind. Es besteht die große Chance, dass unser Land durch Zuwanderung toleranter, weltoffener und bunter wird. Heimatlose können Deutschland bereichern. Das will ich in diesem Buch aufzeigen.

Der neue Flüchtlingskommissar der UNO, Filippo Grandi, sagte im Angesicht eines sterbenden Flüchtlingskindes: »Auf schieres Leid gibt es nur eine Antwort: Solidarität.« Aber man müsse auch schlau und trickreich sein. Er hat wohl zur Zeit einen der schwierigsten Jobs der Welt inne – bei 60 Millionen Flüchtlingen im Jahr 2015.

»Klug wie die Schlangen und aufrichtig wie die Tauben« muss dieser Mann vor allem dann sein, wenn er bei Regierungen um Geld bettelt. Sieben Milliarden Dollar benötigte das UNO-Flüchtlingskommissariat 2015, um die Menschen, die vor Kriegen, Bürgerkriegen, Naturkatastrophen oder dem Klimawandel fliehen, mit dem Nötigsten zu versorgen. 9.300 Mitarbeiter in 123 Ländern hat das Kommissariat. Es geht dabei um alles: um Nahrung, Unterkunft, Schulen, Häuserbau,

Sprachkurse, Rechtshilfe, Rückkehrhilfe. Muss man in diesem Flüchtlingsjahrhundert bei dieser Aufgabe nicht verzweifeln? Filippo Grandi: »Es gibt immer Hoffnung. Es lohnt die Mühe, weiterzumachen.«

Wenn wir in dieser Krisensituation klug handeln und in der Krise die Chance erkennen, wie dies unsere Eltern und Großeltern bei viel größeren Flüchtlingskrisen und Gastarbeiterkrisen auch getan haben, dann helfen wir den Flüchtlingen, sorgen aber zugleich für unsere Zukunft und die unserer Kinder. Wenn wir nicht klug sind, kann es aber auch ganz anders kommen. Ein positives Beispiel ist hier Spanien. Das Land hat seine ökonomische Krise der letzten zehn Jahre überwunden und dabei über zwei Millionen Immigranten integriert – ohne rechten Hass wie in Deutschland, Italien oder Frankreich. Voraussetzung dafür war in erster Linie die sprichwörtliche spanische Gastfreundschaft, von der ja auch 60 Millionen Touristen jedes Jahr profitieren. Die Spanier, die schaffen das!

Helles Deutschland – dunkles Deutschland

Es ist immer noch Allerheiligen 2015. Die Attacken rechtsradikaler Deutscher auf Flüchtlinge werden immer brutaler. Allein an diesem Wochenende werden mehrere Syrer verletzt. In Magdeburg greifen 30 Deutsche, bewaffnet mit Baseballschlägern, Asylbewerber an. In Wismar werden zwei Syrer krankenhausreif geschlagen.

In Jena wird ein Syrer an einer Straßenbahnhaltestelle zusammengeknüppelt. In Dresden wird bei einem Anschlag auf eine Asylbewerberwohnung ein Mann verletzt. Er erleidet Schnittwunden, weil vor seinem Schlafzimmerfenster ein Sprengkörper explodiert. In Sachsen werden wieder mehrere Asylunterkünfte angezündet. Die rechte Szene in Magdeburg feiert ihren feigen Anschlag auf wehrlose Flüchtlinge: »Gut gemacht, Jungs, es wird Zeit, dass sich diese Ratten nachts nicht mehr auf Magdeburgs Straßen trauen«, steht bei Facebook. Oder: »Rein in das Heim und alle Typen platt schlagen.« Oder: »Weil das verschissene Judenpack und moslemgematsche uns immer mehr vereinnahmt ... wir sind die ... die keine Zukunft mehr haben in unserem Land ... drum ran ans Gewehr Kameraden oder was euch auch für ne Waffe in die Hände kommt ... nutzt sie und wehrt euch ... wir müssen die Maden auslöschen!!!!!!« Soll man auf solche Deutsche als Deutscher stolz sein?

Im Jahr 2015 wurden in Deutschland über 700 Anschläge auf Flüchtlingsheime verübt, recherchierte ein Reporterteam aus NDR, WDR und SZ: »Die Täter stammen oft aus der Mitte der Gesellschaft, waren nie zuvor straffällig.« Das ist die dunkle Seite der »Willkommenskultur«: Dunkles Deutschland – helles Deutschland! Ist in dieser Situation Integration überhaupt möglich?

Der Schoß ist fruchtbar noch, aus dem einst das Nazi-Ungeheuer kroch. Am 15. Oktober 2015 wird in Köln die parteilose Oberbürgermeister-Kandidatin Henriette Reker von einem Neonazi überfallen und mit einem Messer so schwer verletzt, dass zunächst unklar war, ob sie die Messerattacke überleben würde.

Wenn ich in diesen Tagen Scharen von Flüchtlingen in Fernsehnachrichten sehe, ängstliche Kinder, weinende Mütter, verzweifelte Väter, drängen sich mir zwei Fragen auf. Erstens: Warum lösen diese Bilder bei Neonazis, bei NPD-Mitgliedern, bei Pegida-Anhängern kein Mitleid und kein Mitgefühl aus? Sie haben den Zugang zu ihrer inneren Stimme, zu ihrem Gewissen, zu ihrem Selbst verloren. Barmherzigkeit, Warmherzigkeit, Nächstenliebe, Empathie – wo bleiben sie bei den Fremdenhassern? Hatten wir nur Illusionen über den Wert von Emotionen? Diese Werte sind es doch, die uns in allen Kulturen und Religionen zu Menschen machen. Diese Werte entsprechen unserer Natur. Stattdessen treibt viele die neurotische Angst um, dass sich wegen der Flüchtlinge etwas in ihrem Leben verschlechtern würde.

Aber Angst essen Seele auf. Die »Flüchtlingskrise« ist auch ein »Empathie-Test« (so die junge US-Schriftstellerin Leslie Jamison) für das christliche Abendland. Empathie ist das Zauberwort zur Einfühlung und zur Erfüllung eines universalen Gleichheitsversprechens. Sich in andere hineinzufühlen ist die Voraussetzung dafür, in einer globalisierten Welt mehr Gerechtigkeit zu schaffen. Empathie, so Leslie Jamison, ist »nichts, was uns einfach so zustößt, … sondern basiert auf einer Entscheidung, die wir treffen: einem anderen Menschen Aufmerksamkeit zu zollen, aus uns herauszutreten. Empathie ist das Produkt einer Anstrengung«.

Klug ist es, mit der Natur zu leben und nicht gegen sie. Wer all diese Werte in seiner eigenen Kindheit allerdings selbst zu wenig oder gar nicht erfahren hat, kann sie in seinem Erwachsenenleben selbst kaum empfinden oder gar leben. Wahrscheinlich haben auch dessen Eltern schon zu wenig Mitgefühl erlebt. Und deren Eltern auch nicht. Das ist erklärbar und verstehbar. Und dennoch gilt: Jeder und jede ist für sich verantwortlich.

Die zweite Frage: ob diese Flüchtlinge jemals irgendwo und irgendwann zu Hause sein werden? Der lange in Deutschland lebende iranische Schriftsteller Bahman Nirumand hat nach Jahrzehnten hierzulande die Bücher geschrieben: »Fremd bei den Deutschen« und »Angst vor den Deutschen«.

Der rechte politische Rand sehnt sich nach einer »geschlossenen deutschen Gesellschaft«. Dabei wird die Kleinigkeit übersehen, dass »geschlossene« Gesellschaften von »offenen« Gesellschaften ökonomisch abgehängt werden. Das hat niemand besser erforscht und erklärt als der im November 2015 gestorbene Wirtschaftshistoriker und Nobelpreisträger Douglas North in seinem letzten Buch »Gewalt und Gesellschaftsordnungen«. Es lohnt gerade in dieser Zeit der »Flüchtlingskrise« über North' Hauptthesen nachzudenken. Erstens: Die Qualität von Institutionen wie Rechtsstaat, Vertragswesen, Vereine und Bürgergesellschaft entscheidet über den wirtschaftlichen Erfolg eines Landes. Zweitens: Einwanderungsländer sind wesentlich erfolgreicher als »geschlossene« Gesellschaften.

Wer offen ist, hat mehr Erfolg. Wer nicht offen für Neues und Fremdes ist, verdummt und verarmt. Wer heute noch »Ausländer« hasst, stellt sich selbst ins Abseits. Wer sich im Zeitalter der Globalisierung und des sich bildenden digitalen »Weltgehirns« in Nationalismus flüchtet, verpasst den Anschluss an die *eine* Welt. Empathie heißt: Denken mit vielen Köpfen und Fühlen mit vielen Herzen, schreibt Peter Spiegel in seinem Buch »WeQ more than IQ – Abschied von der Ich-Kultur«.

Ein Beispiel für diese Thesen: 116 Dollar im Jahr betrug das Pro-Kopf-Einkommen Ägyptens 1952, ein wenig mehr als in Südkorea (104 Dollar). Heute ist das »offene« Einwanderungsland Südkorea bei 18.000 Dollar angekommen, das sich gegen eine »offene« Gesellschaft wehrende Ägypten bei 2.200 Dollar. Die offene südkoreanische Gesellschaft war ökonomisch um das

Achtfache erfolgreicher. Die Welt, so North, wäre reicher und sicherer, hätten sich die offenen Gesellschaften überall durchgesetzt. Geschlossene Gesellschaften begrenzen die Teilhabe ihrer Bürger und sind den offenen Gesellschaften deutlich unterlegen. So genannte »besorgte Bürger«, die Angst vor Zuwanderung haben, verstehen diesen Zusammenhang leider nicht und wollen sich noch immer abschotten. Irak, so Professor North, »ist der klassische Fall einer Gesellschaft mit nur begrenztem Zugang, die zusammengebrochen ist« und jetzt von Millionen Flüchtlingen verlassen wird. Niemand flieht aus Südkorea, aber Millionen aus »geschlossenen« Gesellschaften arabischer Länder.

Die deutschen Konservativen haben nach 1945 bis zuletzt bestritten, dass das Einwanderungsland Deutschland ein solches ist und auch deshalb ökonomisch so erfolgreich war. Erst jetzt in der »Flüchtlingskrise« rufen auch CDU und CSU nach einem »Einwanderungsgesetz«. Es wird wohl bald kommen. Dabei sollten wir beachten, was der Biologe und Naturforscher Charles Darwin schon im 19. Jahrhundert erkannt hat: »Es ist nicht die stärkste Spezies, die überlebt hat, auch nicht die intelligenteste, sondern diejenige, die am besten auf Veränderungen reagiert.«

Auf einem AfD-Flugblatt zur Landtagswahl 2016 in Baden-Württemberg ist zu lesen, dass Angela Merkel eine »verbrecherische Asylpolitik« betreibe, weil sie eine »Welle sexueller Gewalt« befördere, die von Asylbewerbern ausgehe. Die Pegida- und AfD-Anhänger eint vor allem die Angst vor jedwedem Fremden und die Feindseligkeit gegenüber fremden Menschen.

An manchen Tagen denke ich: »Liebe Ausländer, lasst uns bitte mit diesen Deutschen nicht allein.« In den nächsten Wochen feiert das christliche Abendland, auf das sich Pegida- und AfD-Freunde so gerne berufen, einen ungarisch-römischen Soldaten (11.11., Heiliger Martin), einen türkischen Bischof (6.12., Sankt Nikolaus), einen aramäischen Wanderprediger (Jesus, 24.12.), ein paar jüdische Hirten aus Obergaliläa (25.12.) und drei persisch-arabische Sterndeuter (6.1., Heilige Drei Könige). Ich stelle mir gerade vor, was passieren würde, wenn diese Multikulti-Gesellschaft als Gruppe versuchen würde, an einem Montag über den Dresdener Weihnachtsmarkt zu laufen …

An Weihnachten 2015 hat Pegida zum Weihnachtslieder-Singen eingeladen. Sie singen: »Macht hoch die Tür, die Tor macht weit …«, aber sie fordern zugleich: »Macht die Grenzen dicht.«

Seltsam auch, dass dort, wo die wenigsten Christen leben, der Wunsch am größten ist, das christliche Abendland zu verteidigen: in Sachsen!

Die Bürger von Baden-Baden und die 1.000 Flüchtlinge

Am Abend nach Allerheiligen besuche ich in Baden-Baden eine »Bürgerinformation zur Unterbringung, Betreuung und Integration von Flüchtlingen«. Es kommen etwa 800 Interessierte. Gleich zu Beginn sagt Baden-Badens Oberbürgermeisterin Margret Mergen: »Lassen Sie uns die Flüchtlingskrise als Chance nutzen und das Beste daraus machen«, dann fügt sie ganz pragmatisch hinzu: »Etwas anderes bleibt uns ja gar nicht übrig.«

In dieser Krise bewährt sich das, was als deutsche Gründlichkeit in der ganzen Welt bekannt ist und manchmal auch belächelt wird. Die Oberbürgermeisterin: »Baden-Württemberg muss 13 Prozent der Flüchtlinge in ganz Deutschland aufnehmen, wir in Baden-Baden davon 0,05 Prozent. Das sind zur Zeit etwa 100 pro Monat. Jeden Freitag bekommen wir die neuen Zahlen vom Regierungspräsidium. Die Flüchtlinge kommen zur Zeit hauptsächlich aus Syrien, Irak, dem Kosovo, Nigeria, Sambia und Somalia. Wir gehen davon aus, dass etwa 60 Prozent als Asylanten anerkannt werden. Ursprünglich wollten wir ein zentrales Flüchtlingsdorf für 1.000 Menschen bauen. Aber dagegen gab es berechtigten Widerstand. Jetzt bringen wir die Flüchtlinge in 27 dezentral gelegenen Plätzen unter. Noch schaffen wir das. Vor allem dank der starken Hilfsbereitschaft der vielen freiwilligen Helfer (erster Beifall an diesem Abend). Bis 2017 sind wir vorbereitet. Aber auf Dauer kann der derzeitige Zustrom nicht bewältigt werden. Das Erste, was wir von den Ankommenden erfahren, ist große Dankbarkeit.« Etwa die Hälfte der Zuhörer applaudiert. Die anderen bleiben skeptisch, aber ruhig und höflich. Die Diskussion verläuft überwiegend sachlich.

Die Oberbürgermeisterin dankt den örtlichen Vereinen und den vielen Dolmetschern, die eine zentrale Rolle bei der Integration spielen.

Die Stadtverwaltung und die Lokalpolitiker erhalten viel Lob. Ihr Engagement zugunsten der Integration der Flüchtlinge sei »beeindruckend«, erklärt gleich zu Beginn der Diskussion eine Frau. Eine andere weist allerdings darauf hin, dass sie es gewohnt sei, sich »sehr freizügig zu kleiden«, aber 60 Prozent der Flüchtlinge seien »doch junge Männer im besten Alter«. »Was ist mit der Sicherheit von uns Frauen in Europa, in Deutschland und hier in Baden-Baden? Sehen Sie eine verstärkte Gefahr?« Der Koordinator für Flüchtlingsfragen beim Polizeipräsidium Offenburg, Sven Müller, widerspricht energisch: »Dieser Generalverdacht ist unbegründet. Wir stellen fest, dass bei der Kriminalitätsrate die Flüchtlinge nicht relevant sind. Sie sind nicht krimineller als Deutsche.« Viel Beifall erhält eine dritte Frau, die auf ihre positiven Erfahrungen in der Flüchtlingshilfe hinweist und sagt: »Flüchtlinge sind unsere Gäste, und wir sind Gastgeber. Es entspricht unserer Kultur, Gäste anständig zu behandeln.«

Die Oberbürgermeisterin schließt den Abend so: »Wir können zehnmal jammern, aber das hilft nichts. Was wir tun können, ist, den Flüchtlingen die Hand reichen und sagen, die Werte unserer Demokratie sind die besten.«

Der Abend zeigt, dass »wir es schaffen« können, wenn wir »es schaffen« wollen. Das war parteiübergreifender

Konsens. Nur draußen vor der Halle verteilten AfD-Anhänger Handzettel mit der Aufschrift »Asylchaos stoppen«. Im Saal geschah exakt das Gegenteil von »Chaos«.

In Baden-Baden müssen die Flüchtlinge nicht in Hallen wohnen. Sie sind alle in Heimen, leer stehenden Häusern oder Hotels untergebracht – etwa drei Personen auf 15 Quadratmetern. Auf 100 Flüchtlinge kommen ein Sozialarbeiter und ein Hausmeister. Im Nachbarort Sasbachwalden erzählt mir allerdings Bürgermeister Valentin Doll von einer weit schwierigeren Situation. Sein Ort zählt rund 2.800 Einwohner und hat 800 Flüchtlinge zugewiesen bekommen. Und wie schafft er das? »Wir nutzen ein leer stehendes Hotel und haben die Räume so umgebaut, dass in einem Zimmer sechs bis acht Flüchtlinge wohnen.« Das gebe natürlich auch Stress unter den Flüchtlingen. Aber diese Situation sei immer noch besser als der Bombenhagel in Syrien. »Gibt es auch Probleme zwischen Einheimischen und den Flüchtlingen aus acht Ländern?«, frage ich ihn. Nach kurzem Nachdenken: »Bis jetzt vertragen wir uns ganz gut. Das Hauptproblem ist, dass die jungen Leute nicht arbeiten dürfen.«

Kurz zuvor hatte mich im 21.000 Einwohner zählenden Schwarzwaldstädtchen Schramberg der junge Oberbürgermeister Thomas Herzog zu einem Vortrag eingeladen und erzählt, dass in den letzten Wochen 201 Flüchtlinge angekommen seien. Im schmucken Touristenstädtchen, das einst wegen seiner Uhrenfabrikation weltbekannt war, konnten bisher alle Flüchtlinge in Privatwohnungen untergebracht werden. »Es ist gut, dass die bisher leer stehenden Wohnungen jetzt wieder belegt sind«, fügt er hinzu.

»Wir wollen jetzt erst recht Flüchtlinge«

Auch das gibt es im Herbst 2015 in Deutschland: Das Städtchen Altena in Nordrhein-Westfalen mit 17.500 Einwohnern und dem CDU-Bürgermeister Andreas Hollstein erlebt einen Brandanschlag auf ein Flüchtlingsheim. Ein Feuerwehrmann und sein Komplize hatten das Feuer gelegt. Später gaben sie an: aus Wut auf die Flüchtlinge.

Nachbarn hatten den Schwelbrand rechtzeitig entdeckt. Die Reaktion des Bürgermeisters und der meisten Einwohner von Altena: »Jetzt nehmen wir erst recht Flüchtlinge auf. Und zwar 100 mehr als ursprünglich vorgesehen.« Einzige Bedingung: Es sollten Bürgerkriegsflüchtlinge und möglichst Familien sein. Das würde die Akzeptanz erhöhen und die Integration erleichtern. Stadtverwaltung und alle Fraktionen unterstützen den Plan des Bürgermeisters.

Andreas Hollstein sagt der Tageszeitung »Die Welt«, dass ihn das Gerede seiner Kollegen über die »Grenze der Belastbarkeit« nerve. Man könne in Deutschland noch mehr Flüchtlinge unterbringen. Das sei eine Frage der inneren Haltung. Er fügt hinzu: »Angela Merkel hat recht, wenn sie sagt, wir schaffen das.

Wir müssen es nur wollen.« Der Bürgermeister sieht die Flüchtlinge als Chance, weil sie seine Gemeinde bereichern werden.

Er rechnet in den nächsten zwei Jahren mit weiteren Flüchtlingen. Familien und alleinstehende Männer will er getrennt unterbringen. Er hofft, mit Hilfe von »Neubürgern« den Bevölkerungsschwund seiner Stadt stoppen zu können, und sagt: »Ich bin dankbar für jedes Kind, das zu uns kommt.« In spätestens vier Jahren, so hofft er weiter, werden die Flüchtlinge für den regionalen Arbeitsmarkt zur Verfügung stehen. »Sie sind lernwillig, integrationswillig, und sie wollen arbeiten.«

Aber wie sollen die Vorbehalte einer Minderheit gegen Flüchtlinge, die es auch in Altena gibt, überwunden werden? »Die bisherigen Bürger und die Flüchtlinge müssen miteinander ins Gespräch kommen.« Andreas Hollstein freut sich, dass die ersten Skeptiker in seiner Stadt bereits umdenken. Er weiß aber auch, dass es Unbelehrbare und Hass gibt. Als der Schwelbrand gemeldet wurde, hat jemand auf der Straße gerufen: »Lass die Scheiße doch abbrennen.«

Der Traum vom Leben und das Trauma der Flucht

Der heutige Chefredakteur des »Spiegel«, Klaus Brinkbäumer, hat schon 2008 in einer packenden und einfühlsamen Reportage Afrika-Flüchtlingen ein Gesicht

gegeben. Er beschreibt den fünf Jahre dauernden abenteuerlichen und lebensgefährlichen Fluchtweg des Gha-
nesen John Ampan durch sieben afrikanische Länder.
Der Mann aus Ghana wurde in der Wüste ausgesetzt,
deportiert und ins Gefängnis gesteckt. Der« Spiegel«-
Reporter erzählt auch die Geschichte von Jane Ainufua
aus Benim-City, die ihre drei Kinder zurückließ, um in
Europa für sie Geld zu verdienen. Titel des Taschen-
buchs: »Der Traum vom Leben«. Brinkbäumer fragt:
»Wie verzweifelt müssen Menschen sein, um ihre Heimat, ihre Familie, ihre Kinder zu verlassen? Um sich
auf eine Odyssee zu begeben, deren Ausgang ungewiss
ist? Um sich, wenn sie tatsächlich das kalte, unwirtliche
Europa erreichen, als sogenannte Illegale verstecken
zu müssen oder als Zwangsprostituierte ausgebeutet
zu werden?« Seine Antwort: »Kein Emigrant verlässt
seine Heimat beiläufig, leichtfertig oder auch nur gern.
Es ist eine Lebensentscheidung, das wissen alle, die
gehen, auch die Jugendlichen.«

Aber alle träumen von einem lebenswerten Leben.

Hinter jedem einzelnen Flüchtling verbergen sich
ein Gesicht und eine Geschichte und allzu oft ein
traumatisierter Mensch. Kinder sind verstört und ver-
stummt und Erwachsene lange Zeit verschlossen und
aggressiv. Deshalb lautet der Titel dieses Buches nicht
»Flüchtlinge«, wie wohl eher zu vermuten gewesen
wäre, sondern »Flüchtling«. Viele von ihnen riskieren
bei der Flucht ihr Leben und die meisten das Vermögen ihrer Familie.

Wie aber werden sie hierzulande nach ihrer für uns oft unvorstellbaren Odyssee empfangen?

Die »Bild am Sonntag«-Reporterin Katherina Windmaißer hat intensiv über die Flüchtlingskrise recherchiert. Sie war auf Lampedusa, auf Malta, in der Türkei und im Irak bei den Flüchtlingen. Doch am meisten überrascht und schockiert war sie darüber, was sie in ihrer bayerischen Heimat über angeblich stehlende und vergewaltigende Flüchtlinge hören musste: falsche Gerüchte, Schauermärchen und Lügen.

Viele Deutsche fliehen vor der Wahrheit

Ähnliche Geschichten höre oder lese ich in diesen Herbsttagen 2015 öfter. In Deutschland geht nicht die Zahl der Straftaten durch Flüchtlinge nach oben, sondern die Zahl der Straftaten gegen Flüchtlinge. Die Kollegin von »Bild am Sonntag« bekam in ihrer bayerischen Heimat auch solche Worte zu hören: »Kathl, du weißt, ich hab nichts gegen Flüchtlinge, aber hast du schon gehört, dass Ladendiebstähle durch Asylanten unter 50 Euro nicht angezeigt werden? Das zahlt die Stadt für die.« Und: »In Passau gibt es eine Vergewaltigung nach der anderen. Wird alles nicht öffentlich gemacht, damit die Leute Ruhe bewahren«, hört sie in einer Konditorei. Alle haben ihre Geschichten »aus erster Hand«. CSU-Landrat Sebastian Gruber dazu: »Diese Gerüchte sind uns leidlich bekannt. Ich bekomme immer wieder, auch in Bürgersprechstunden, Fragen dazu gestellt. Interessanterweise haben mir Landräte aus anderen Regionen bestätigt, dass dieselben Gerüchte auch bei ihnen umherschwirren. Es heißt, Flüchtlingskinder bekämen alle ein neues Mountainbike, der Landkreis würde Diebstähle durch Flüchtlinge bei den Ladenbesitzern begleichen, um die Stimmung nicht aufzuheizen. Konkret kursiert das Gerücht, ein Flüchtling hätte eine teure Lederjacke an der Kasse des Modehauses Garhammer nicht bezahlen wollen und das Landratsamt hätte die Rechnung für ihn übernommen. Wir werden alles tun, um diese Gerüchte zu dementieren.«

Als die Reporterin die Urheber der Gerüchte mit ihren Recherchen konfrontiert, bekommt sie die unglaublichsten Ausreden zu hören: »Die lügen doch alle«, von Polizei bis Landrat, alle hätten »einen Maulkorb bekommen«.

Medien, Merkel und Polizei – eine einzige verschworene Lügenbande!

Die »Bild am Sonntag«-Kollegin liest auf Facebook auch, dass es an der deutsch-österreichischen Grenze wegen der Flüchtlinge zu Schießereien gekommen sei. Dieses Gerücht kenne fast jeder in Passau. Die Recherchen von Katharina Windmaißer ergaben: Auf österreichischer Seite haben Jäger die Jagdsaison auf Enten eröffnet. Der Schärdinger Bezirksjägermeister Franz Stadler kann über die Legende vom Flüchtlingsschusswechsel nur lachen und sagt: »Völliger Schmarrn, das waren wir«, und lässt sich ein Beweisstück in einem österreichischen Gasthaus schmecken.

Wollen die Muslime in Deutschland gar die christliche Weihnacht abschaffen? Auch solche Gerüchte werden bei Pegida-Freunden verbreitet. Der Brauchtums-Forscher Thomas Hauschild ging Pegida-Behauptungen nach, dass zahlreiche Berliner Weihnachtsmärkte in »Wintermarkt« umbenannt werden, ja sogar der »Dresdner Christstollen« abgeschafft werden sollte – auf Druck von Muslimen. Dazu Hauschild: »Paradoxerweise brachten die Pegida-Anhänger das Gerücht um den Stollen in Umlauf, als die EU gerade den Christstollen in die Liste der regionaltypischen Lebensmittel aufgenommen und damit ja auch geschützt hatte.« Das alles sei »reiner Quatsch – er verbreitet sich aber trotzdem«.

Gerüchte und falsche Hoffnungen machen aber auch in Flüchtlingslagern die Runde. Von einem ARD-Kollegen, der aus einem riesigen Lager im Libanon berichtet hat, höre ich, dass ihm die Leute dort erzählt haben, Angela Merkel lasse in Deutschland für jeden Flüchtling ein Haus bauen. So kommen auch Flüchtlinge hierher, die von einem Schlaraffenland-Deutschland oder einem Schlaraffenland-Europa träumen.

9. November 1938, 1989 und 2015

9. November 2015: Dieses Datum ist *der* deutsche Schicksalstag. Vor 26 Jahren fiel die Mauer in Berlin. DDR-Bürger hatten sie geistig und gewaltfrei ge-

sprengt. Mit dem mutigen Ruf »Wir sind das Volk«. Der Geist der Gewaltlosigkeit war stärker als Waffen, Panzer und Raketen. Konrad Weiß, einer der führenden Bürgerrechtler in der alten DDR, schreibt am 9. November 2015 zum 9. November 1989: »Diese Nacht der Maueröffnung, das war die erste Nacht des Friedens. Die erste Nacht des Friedens nach dem Krieg, die erste Nacht des Friedens nach zwei Diktaturen. Die Betonbarrieren, der Stacheldraht, die Zäune, Gitter und Mauern waren Geschichte geworden und würden es bleiben. Es waren Augenblicke so voller Friedlichkeit, so ganz ohne Aggressionen oder Fremdheit. Ich habe nicht gewusst, dass Menschen sich so nahe sein können. Wildfremde Menschen fielen sich in die Arme.«

Dunkel-Deutschland wurde heller. Unvorstellbare Freude, lachende Gesichter überall, echter Jubel. Kerzen und Gebete waren stärker als Panzer und Maschinengewehre. Die Bilder der sich in den Armen liegenden Deutschen aus Ost und West gingen um die Welt. Auch deshalb ist es keine gute Idee, 25 Jahre nach dem Mauerfall in einer globalen Krise schon wieder eine Mauer oder Grenzzäune errichten zu wollen. Deshalb ist es auch gut, wenn die Kanzlerin sagt: »Für Asyl gibt es keine Obergrenze.« Asyl ist ein Menschenrecht, so bestimmt unser Grundgesetz. Wir werden daran gemessen werden, ob wir auch in einer Krisensituation Menschenrechte beachten oder sie verraten.

Die Erinnerung an den 9. November heißt aber auch, an den anderen 9. November zu denken, an die Pogromnacht 1938, in der die Nazis etwa 1.400 Synagogen angezündet, jüdische Geschäfte in ganz Deutschland geplündert und ungefähr 1.300 jüdische Menschen getötet haben. Die Verfolgung jüdischer Mitbürger hatte ihren ersten grauenvollen Höhepunkt erreicht. Dieser deutsche Antisemitismus endete mit dem ersten industriellen Massenmord der Geschichte am jüdischen Volk, in der Schoah. Eine solche Politik basierte auf Rassenwahn, von dem wir auch heute, am 9. November 2015, noch nicht ganz geheilt sind. Deshalb stehen beide Daten in einem Spannungsfeld: die Nazidiktatur und der DDR-Unrechtsstaat. Erst mit dem Mauerfall überwanden wir Deutsche die totalitären Ideologien des 20. Jahrhunderts. Beide Daten gehören unlöschbar zu unserer Geschichte.

Am 9. November 2015, an einem Montag, gehen in Dresden wieder tausende Unbelehrbare auf die Straßen, um gegen Ausländer, Flüchtlinge, gegen alles Fremde und gegen Migranten zu hetzen. Ihre Deutschtümelei ist peinlich und ihre Geschichtsvergessenheit verantwortungslos. In Wirklichkeit demonstrieren sie gegen sich selbst, weil sie das Fremde in sich nicht erkennen wollen. Die Erkenntnis, dass alles Fremde auch in jedem von uns selbst steckt, ist wichtig. Daraus erwächst Selbsterkenntnis. Der Nazi in uns kann jederzeit wieder erwachen. Es gibt keine Gewissheit dafür, dass die Feinde der Demokratie nicht wieder die Oberhand gewinnen.

Von Volksverräter-Parolen, die am Abend in Dresden wieder zu hören sind, bis zu Brandanschlägen ist es nicht weit. Das Internationale Auschwitz-Komitee

mahnt: »Der 9. November ist ein Tag des Schmer-
zes, der Mahnung und der Erinnerung.« Eine Gegen-
demonstration stand unter dem Motto »Herz statt
Hetze«. Dresdens Oberbürgermeister Dirk Hilbert:
»Pegida vernichtet Arbeitsplätze und ist für unser
Image dramatisch negativ.« Ausländer wagen sich
in Dresden montags schon lange nicht mehr auf die
Straße. Die »besorgten Bürger« würden am liebsten
wieder Schlagbäume in Europa errichten und das
preisgeben, was in Europa seit 1945 die wichtigste Er-
rungenschaft ist. Die DDR wurde früher Diktatur genannt, weil sie die Reisefreiheit einschränkte. Genau
diese Einschränkung fordert die heutige neue Rechte.
Wie wäre es denn, liebe »besorgte Mitbürger«, wenn
Ihr aktive Mitbürger würdet? Wir Altdeutschen können die Neudeutschen zu Behörden begleiten, ihnen
beim Erlernen der Sprache helfen, mit ihren Kindern
Fußball spielen oder ihnen das deutsche Mülltren-
nungssystem erklären.

Aber einige europäische Regierungen geben Ab-
schottungsforderungen schon nach: An der Grenze
zu Kroatien hat Slowenien einen Zaun errichtet. Ungarn, wo im Sommer 1989 der »Eiserne Vorhang«
zuerst abgebaut wurde, hat als erstes EU-Land damit
begonnen, sich selbst wieder einzusperren. Und das
Schengen-System, welches Reisen ohne Grenzkontrollen bedeutet, ist bedroht. In den letzten drei Jahrzehnten wurden Grenzkontrollen in Europa abgebaut.
Jahrelang haben wir der DDR-Regierung vorgeworfen,

dass sie ihre eigenen Bürger eingesperrt hat, jetzt aber wollen ausgerechnet viele frühere DDR-Bürger, dass Flüchtlinge ausgesperrt werden. Zurecht sagt der luxemburgische Außenminister: »Scheitert Schengen, scheitert Europa.« Und die »besorgten Bürger« beleidigen Flüchtlinge und Asylanten auf Facebook als »abartiges Drecksvieh« oder »Schmarotzer«. Neonazis und Rechtsradikale tragen T-Shirts mit Parolen wie »Vernichtet den Feind« oder »Gegen Demokraten – helfen nur Granaten«. In Deutschland entsteht wieder eine rechtsnationale bzw. gar -terroristische Gesinnung.

Politische Wachsamkeit, politischer Mut und politisches Engagement sind der Preis der Freiheit. Wenn wir nicht wach bleiben, verspielen wir das Geschenk des 9. November 1989. Ohne Kampf gab es nie wirklichen Fortschritt. Zu einer gelingenden Integration gehört demokratische Wachsamkeit.

An diesem Abend nimmt Bundespräsident Joachim Gauck an einer Gedenkveranstaltung an die Opfer der Pogromnacht teil und sagt, Deutschland werde ein offenes Land bleiben und es werde sich »in Würde und hoffentlich mit Anstand« darüber unterhalten, was es an Lasten tragen könne. »Dass wir aufnahmebereit bleiben, das steht fest.« Er wolle daran erinnern, sagt der Bundespräsident auch, dass Flucht und Vertreibung das Schicksal der deutschen Nation nachhaltig bestimmt hätten. Seine Bitte: »Denkt daran, wie es in vielen unserer Familien gewesen ist, als wir heimatlos waren und Schutz brauchten.« Also: Hilfe statt Hetze.

Unser Motto für eine gute Zukunft sollten wir uns nicht von Angstmachern wie Thilo Sarrazin (»Deutschland schafft sich ab«) diktieren lassen, sondern nach der Devise »Deutschland findet sich neu« gestalten, wie es Annette Treibel in ihrem wichtigen Buch »Integriert Euch!« vorschlägt. Mit gelingender Integration setzen wir unser Land nicht aufs Spiel, sondern entwickeln es intelligent fort. Es gilt freilich, über Integration und Migration eine breite und ausdauernde gesellschaftliche Debatte zu führen und dabei vor Streit nicht zurückzuschrecken. Sich weniger über »Ausländer« echauffieren und sich mehr mit ihnen arrangieren, das ist hilfreich.

Treibel analysiert: »Für mich liegt der Kern des Problems auf Seiten der Alten Deutschen: Das selbstverständliche Deutsch (Geworden-)Sein der Neuen Deutschen löst keine Begeisterung, sondern Irritation, wenn nicht sogar Abwehr aus. Sie werden häufig nicht als wirkliche Deutsche akzeptiert, sondern man versucht, sie auf ihre alten Ausländerplätze zu verweisen. Ein vergleichbarer Prozess lässt sich auch in anderen Ländern beobachten, etwa in der Schweiz. So werden Neuschweitzer primär nicht als Schweitzer, sondern als ›kürzlich eingebürgert‹ bezeichnet. Wenn auf der politisch rechten Seite abfällig von ›Pass-Deutschen‹ die Rede ist, so ist die Absicht unmissverständlich. Man verfolgt das Ziel, das Deutschsein der Neuen Deutschen als bloß äußerlich zu diskreditieren, was niemals an das ›wahre, innere Deutsche‹ heranreichen könne.«

Also: Ihr Alten Deutschen, integriert euch endlich zusammen mit den Neuen Deutschen in das neue Deutschland, das schon längst ein erfolgreiches Einwanderungsland geworden ist. Und freut euch darüber.

Nun zeigen jedoch Umfragen, dass 37 Prozent der Deutschen sagen, zum Deutschsein gehörten deutsche Vorfahren. Über 40 Prozent der Deutschen sind gar der Meinung, man müsse akzentfrei deutsch sprechen, um wirklich Deutscher zu sein. Dann aber sind auch die meisten Bayern, Friesen, Franken, Sachsen, Hessen, Saarländer und Schwaben nicht wirklich Deutsche.

Deutschland wird in den nächsten Jahren nicht nur multikultureller, sondern auch multireligiöser und multifarbiger werden. Es könnte auch sein, dass wir in einem Jahrzehnt vielleicht eine muslimische Partei im Deutschen Bundestag haben. Schon heute kommen viele erfolgreiche Arbeitgeber in Deutschland aus der Türkei, aus Spanien oder Italien, in einigen Jahren wahrscheinlich auch aus Syrien. Und vielleicht hat Deutschlands Bundeskanzlerin im Jahr 2030 irakische Eltern. Ich verweise nur auf die drei jungen CDU-Nachwuchspolitiker, die ich wenige Seiten später in diesem Buch noch vorstelle. Ist deshalb das christliche Abendland in Gefahr? Nein! Das Abendland hat sich schon immer auch geändert. Schon immer kamen Fremde. Und viele gingen auch wieder. Angst müssen wir nur vor Stillstand haben, nicht vor sinnvoller Veränderung, die es schon immer gab.

Drei große Einwanderungswellen allein nach 1945

haben wir bestens verkraftet. Das berühmte und von der ganzen Welt bestaunte deutsche Wirtschaftswunder wäre ohne die über zwölf Millionen deutschen Flüchtlinge und Vertriebenen nicht möglich gewesen. In den Sechzigern kamen Millionen »Gastarbeiter« nach Deutschland. Sie und wir, Neue Deutsche wie Alte Deutsche, haben voneinander gelernt und voneinander profitiert. Und nach der deutschen Wiedervereinigung kamen noch einmal viele Ostdeutsche und viele Deutschstämmige aus Osteuropa ins Land. Sie sind weitgehend und mit Gewinn für alle integriert.

Die heutigen Flüchtlinge erteilen uns aber auch eine Lektion, schreibt die Journalistin Daniela Dahn: »Es war eine Lebenslüge, zu glauben, ein kleiner Teil der Welt könne auf Dauer in Frieden und Wohlstand leben, während der Großteil in Armut und Bürgerkriegen versinkt. Dass die Völkerwanderung sich früher oder später in Bewegung setzen würde, haben wir geahnt. Eigensüchtig haben wir gehofft: später. Sollen die Enkel sehen, wie sie mit unserem Erbe klarkommen. Nach uns die Sintflut.« Und genauso leichtsinnig und kurzsichtig verdrängen wir heute die schon absehbaren Folgen des Klimawandels, der hunderte Millionen Klimaflüchtlinge auf die Beine bringen wird. Wer das Klima zerstört, wird Klimaflüchtlinge ernten. Es ist ein geistiges Gesetz: Wir ernten immer, was wir säen. Das gilt selbstverständlich auch für Waffenexporte. Ohne Waffen keine Kriege! Und keiner kann sagen: Das haben wir nicht gewusst. Wir wollen es nicht wissen.

Die Flüchtlingskanzlerin –
Traumfrau oder Traumtänzerin?

Angela heißt Engel. Die Bundeskanzlerin ist für viele Flüchtlinge ein Engel, ein Retter in der Not oder (warum nicht?) eine Traumfrau. Weil sie ein Herz für Flüchtlinge hat, sehen aber viele CDU-Anhänger in ihr eher eine Traumtänzerin, die plötzlich mehr mit Emotionen als mit Ratio Politik macht. Wird die Kanzlerin zur Emigrantin in der CDU?

Angela Merkel verliert mit ihrer humanen Flüchtlingspolitik alte Freunde in ihrer eigenen Partei, vor allem in der CSU. Aber alte Feinde fallen ihr beinahe um den Hals – aus demselben Grund. Für sie ist die Bundeskanzlerin wie für die meisten Flüchtlinge die neue Traumfrau. Der grüne Ministerpräsident von Baden-Württemberg, Winfried Kretschmann: »Ihre Flüchtlingspolitik ist prima. Ich stehe voll hinter ihr.« In Darmstadt hat sie vor ihrer CDU in diesen Tagen an einen Spielfilm erinnert, den wir in der ARD Anfang der Neunziger gezeigt haben: »Der Marsch«. Unvergessliche Bilder, in denen etwa eine Million hungernder und verzweifelter Afrikaner unaufhaltsam Richtung Europa marschieren. Von vielen wurde der Film damals als unrealistisch abgetan. Im Jahr 2015 sind in Afrika bereits 18 Millionen Klimaflüchtlinge unterwegs – auf der Suche nach der nächsten Trinkwasserstelle. Noch bleiben sie weitgehend auf ihrem eigenen Kontinent. Aber wie lange noch? Die deutsche Umweltministerin Barbara Hendricks fordert die Anerkennung von Klimaflüchtlingen. Es wäre Aufgabe der Vereinten Nationen, dafür ein »Recht auf Migration« zu schaffen. Derzeit, so Hendricks, ist es leider so, dass jemand, der aus Klimagründen zu uns kommt, von vielen als so genannter Wirtschaftsflüchtling denunziert wird. Dabei hat er seine Lebensgrundlage verloren.

Die UNO schätzt, dass schon 2050 bis zu 200 Millionen Menschen als Klimaflüchtlinge über unseren Planeten irren werden. Die bald unabwendbare Folge des Klimawandels werden heute noch unvorstellbare Konflikte um Wasser sein – wahrscheinlich auf allen Kontinenten. Als Angela Merkel einmal nach einer Wahl gefragt wurde, ob es jetzt eine neue Merkel geben werde, meinte sie: »Sie werden mich so kennen lernen, wie ich bin.« Und kurz danach in einer Fernsehsendung: »Sie kennen mich.«

Wie aber ist sie wirklich? Die kühle Machtfrau, seit zehn Jahren an der Spitze der deutschen Politik, für viele die mächtigste Frau der Welt, die männermordende Powerfrau, die bisher noch alle männlichen Konkurrenten sanft, aber erfolgreich zur Seite schob, hat sie sich in der Flüchtlingskrise plötzlich zur Frau mit Herz entwickelt?

Eine Antwort gibt ein Schlüsselsatz, den sie zur Überraschung vieler im September 2015 gesagt hat: »Ich muss ganz ehrlich sagen: Wenn wir jetzt noch anfangen müssen, uns dafür zu entschuldigen, dass wir in Notsituationen ein freundliches Gesicht zeigen, dann ist das nicht mehr mein Land.« So etwas hat noch nie ein deutscher Kanzler gesagt. Ein Hammer-Satz! Kommentar in der konservativen FAZ: »Damit deutete sie die Möglichkeit an, dass sie dem Volk ihr Vertrauen auch entziehen könnte.« Bisher war es einigemal umgekehrt: Das Volk oder seine Vertreter haben Kanzlern das Vertrauen entzogen. Noch nie ist ein deutscher Bundeskanzler aus eigener Entscheidung oder Einsicht zurückgetreten.

Misstraut Merkel plötzlich der Mehrheit ihrer Wähler? Die Zustimmungswerte ihrer Partei und Politik sind im November 2015 dramatisch gesunken: Die CDU rutschte von 42 Prozent auf 36 Prozent und Merkel fiel von 72 Prozent Zustimmung auf gerade mal 52 Prozent: Da hatte sie fast so wenig wie Horst Seehofer.

Merkels Welt und die der Ostdeutschen hat sich nach 1990 stark verändert: Neue Freiheit, neue Währung, neues Weltbild, neue Politik, neue Wirtschaft, neue Verfassung. Für die Westdeutschen änderte sich hingegen fast nichts – außer dem kleinen grünen Pfeil an der Kreuzung. Das Land insgesamt wurde jedoch größer, protestantischer, östlicher.

Angela Merkel, die Frau aus dem Osten, hat die mangelnde Veränderungsbereitschaft der wiedervereinigten Deutschen schon oft kritisiert. Aber diesen Satz hätte auch ich ihr nicht zugetraut: »In der Flüchtlingskrise müssen wir wegkommen von deutscher Gründlichkeit hin zu mehr deutscher Flexibilität.« »Flexibilität« – für viele Deutsche eine Zumutung. Zumindest ihrer Partei hat Merkel in den letzten zehn Jahren schon oft Veränderungen abgerungen: in der Abtreibungsfrage, beim Atomausstieg, bei der Aussetzung der Wehrpflicht. Sie hat die CDU im politischen Spektrum nach Mitte-Links zumindest geöffnet. Und noch mehr in Richtung zu den Grünen. Die Koalitionsverhandlungen mit den Grünen nach der Bundestagswahl 2013 hat nicht Merkel platzen lassen, sondern die Ökopartei. Zu deren Verhandlungsführer Winfried Kretschmann sagte sie danach: »Die Grünen haben eine historische Chance verpasst.« Man muss kein Prophet sein, um vorherzusagen, dass 2017 eine Regierung Merkel/Kretschmann die wahrscheinlichste Option ist. In der Flüchtlingskrise steht Merkel den Grünen näher als ihrer eigenen Partei.

Angela Merkel weiß, was Emigration ist. Sie gehörte als Pfarrerstochter in der DDR zu den inneren Emigranten. Sie versteht mit ihrer DDR-Vergangenheit den Russen Putin besser als Obama, Hollande oder Cameron. Und nicht nur, weil sie sich mit dem russischen Präsidenten in dessen Sprache unterhalten kann. Sie vor allem war es, die in der Ukraine um einen Waffenstillstand gerungen hat. Sie und Guido Westerwelle haben mit ihrer Politik der »außenpolitischen Zurückhaltung« verhindert, dass sich Deutschland am unglückseligen Abenteuer des Krieges gegen Libyen beteiligte.

Beim Atomausstieg hatte sie nach eigenem Bekunden am Anfang zwar die Mehrheit der Deutschen, aber nur »ein Drittel meiner Partei« hinter sich. Und darauf weist sie in diesen Tagen vor allem ihre eigene Partei hin: Die kleinen und armen Länder Libanon und Jordanien nehmen im Verhältnis zu ihrer Bevölkerungszahl weit mehr Flüchtlinge auf als Deutschland, lange Zeit auch Italien, Griechenland und Schweden.

Was wäre denn am 4. September 2015, als Merkel Zehntausende Flüchtlinge aus Ungarn in Deutschland einreisen ließ, die Alternative gewesen? Mauer, Stacheldraht und Schießbefehl à la DDR, wie es die Rechtsextremen und nicht nur sie forderten? Nicht mit der DDR-Frau Merkel, die das alles selbst erlebt hat. Die Vision eines friedlichen, freien, bunten und offenen Europa wäre am Ende gewesen. Als die Pegida- und AfD-Maulhelden vor einem Jahr auftauchten, hat diese Kanzlerin vor »Hass im Herzen« gewarnt. Deshalb und ihrer humanen Flüchtlingspolitik wegen ist ihr dieses Buch gewidmet. Sie schaut auf ihr Land mit dem Blick einer inneren Emigrantin. Dieser Blick von außen schenkte ihr die Kraft, diesen starken Satz zu ihrem inzwischen von vielen belächelten Motto zu machen: »Wir schaffen das – da bin ich ganz fest davon überzeugt.« Sie hat dieses mutige Mantra in der ARD-Sendung »Anne Will« am 8. Oktober 2015 gesprochen. Klar und entschieden. Als die Kanzlerin diesen Satz formulierte, lebten in Deutschland bereits über acht Millionen Ausländer. Nach den USA ist Deutschland innerhalb der OECD schon seit langem das zweitbeliebteste Einwandererland, also innerhalb der reichen

Industrienationen. Hierzulande haben bereits mehr als doppelt so viele Menschen einen Migrationshintergrund: über 20 Prozent der Deutschen. Wenn wir die deutschen Heimatvertriebenen und die Flüchtlinge nach 1945 dazurechnen, dann besteht die Hälfte der deutschen Bevölkerung bereits aus Migranten.

Deshalb ist es nur vernünftig, wenn Angela Merkel am 7. Dezember 2015 aus Anlass des ersten Gastarbeitervertrags mit Italien im Jahr 1955 – also am 70. Jahrestag – den aus dem Ausland zugezogenen Gastarbeitern »Ein herzliches Dankeschön für all das, was Sie für unser Land getan haben« zuruft und zur aktuellen Situation hinzufügt: »Offenheit und Neugier nehmen uns nichts weg, sondern bereichern unsere Gesellschaft.« Nur wenige Tage zuvor hatte Horst Seehofer beim CSU-Parteitag Angela Merkel wegen ihrer menschenfreundlichen Flüchtlingspolitik abgewatscht, wie nie zuvor ein deutscher Kanzler öffentlich gedemütigt wurde. Seehofer ist wahrlich kein Gentleman.

Am 14. Dezember 2015, auf dem CDU-Parteitag in Karlsruhe, antwortete ihm die Kanzlerin, nachdem sie ihre Partei in der Flüchtlingspolitik durch eine leidenschaftliche Rede fast geschlossen hinter sich gebracht hatte: »Dieser CSU-Parteitag war für mich nicht langweilig.« Und kurz danach ein Argument, das alles erklärt: Sie begründet ihre humane Flüchtlingspolitik mit »der von Gott geschenkten Würde jedes einzelnen Menschen« und erklärt sie mit einem »humanitären Imperativ«. Wer so redet, meint es ernst.

Und viele Delegierte wussten wieder, warum sie in der CDU sind.

Aber: Auch Angela Merkel hat ihre heimliche »Obergrenze« für Flüchtlinge, auch wenn sie das O-Wort meidet. Sie unterstützt die Pläne der EU, die Außengrenzen notfalls mit Zwangsmaßnahmen abzusichern. Sie sagt zwar: Keine Abschottung. Aber andererseits befürwortet auch sie mehr Grenzschutz und mehr Abschiebungen – zum Beispiel in der Türkei. Auch sie hat in Karlsruhe von »deutlich reduzierten Flüchtlingszahlen« in der Zukunft gesprochen und damit ihre Partei zu beruhigen versucht.

Nur wenige Tage zuvor hatte sie das US-Magazin »Time« zur »Person des Jahres« gewählt – wegen ihrer Politik für die Flüchtenden, und sie als »Chancellor of the free World« bezeichnet. Sie baue »Brücken statt Mauern«, heißt es in der Laudatio. Ihren Kurs hält Merkel auch auf dem CDU-Parteitag im Dezember in Karlsruhe: »Beim Asylrecht wird es keine Obergrenzen geben.«

Inzwischen sind viele Deutsche froh, wenn eine Sozialarbeiterin aus Polen die Oma pflegt, eine Putzfrau aus Rumänien die Wohnung sauber hält oder ein Müllmann aus Bulgarien den Müll abholt. Seit Jahrzehnten leben wir friedlich mit Millionen Türkinnen und Türken, Italienern und Italienerinnen, Spanierinnen und Spaniern zusammen, also Alte Deutsche und Neue Deutsche – und das ist gut so. Für beide Seiten. Wir haben »es« schon öfter geschafft. In der hitzigen aktuellen Flüchtlingsdebatte haben wir fast vergessen, dass in den Jahren zwischen 1955 und 1973 über 14 Millionen Flüchtlinge aus dem früheren Jugoslawien nach Deutschland eingewandert waren und elf Millionen wieder zurückkehrten. 2013 lebten in Deutschland bereits sieben Prozent binationale Ehepaare. Das heißt: Ein Partner hatte die deutsche und der andere eine andere Staatsangehörigkeit.

Wir haben von dieser Entwicklung nicht nur wirtschaftlich profitiert, sondern auch kulturell und kulinarisch. Kaum zu glauben ist, dass Spaghetti bis 1960 in Deutschland nahezu unbekannt waren. Inzwischen sind bald drei Generationen damit aufgewachsen. Wir Deutsche sprechen mehr Fremdsprachen als früher, und die Einwanderung hat auch unsere deutsche Sprache beeinflusst und bereichert. Dass Johann Wolfgang von Goethe türkische Vorfahren hatte, hat erst spät Eingang ins deutsch-kulturelle Bewusstsein gefunden. Diese bereichernde deutsch-türkische Verbindung reicht bis zu den Kreuzfahrern im 13. Jahrhundert zurück. Von diesem »unserem« Goethe, darauf weist der Integrationsforscher Karl-Heinz Meier-Braun hin, stammt auch das noch immer aktuelle Wort: »Das Land, das die Fremden nicht beschützt, geht bald unter.«

Wenn wir »es« wie Angela Merkel jetzt mehrheitlich wollen, dann werden wir es auch schaffen. Wenn wir »es« wie Horst Seehofer freilich nicht wollen, dann werden wir es auch nicht schaffen. Also: Mehr Merkel, weniger Seehofer! Am 13. November 2015 gibt Angela

Merkel ihr wohl wichtigstes Interview des letzten Jahres in der ZDF-Sendung »Was nun, Frau Merkel?« Sie hält Kurs in der Flüchtlingskrise trotz heftiger Kritik aus ihrer eigenen Partei und Fraktion. Auf die Frage nach Horst Seehofer sagt die Kanzlerin höflich, aber reserviert: »Er ist weiter vorhanden.« Kürzer und distanzierter geht es nicht.

In derselben Sendung sagt sie aber auch: »Ich arbeite daran, dass wir die Zahl der Flüchtlinge reduzieren.« Merkels Vorgänger Gerhard Schröder sagt zu ihrer Flüchtlingspolitik: »Frau Merkel hatte Herz, aber keinen Plan.« Den konnte sie am Beginn der Krise auch gar nicht haben. Aber jetzt, Monate nach Beginn der Krise, immer noch keinen Plan zu haben, ist ein Versäumnis. Die privaten Helfer können staatliches Planen und politische Konzepte zwar ergänzen, aber niemals ersetzen.

Merkels wirkliches Problem heißt Seehofer. Als am Beginn der Finanzkrise 2008 Angela Merkel und ihr Finanzminister Peer Steinbrück von der SPD gemeinsam der Nation erklärten, dass sich niemand um seine Spareinlagen Sorgen machen müsse, hatte diese Erklärung eine beruhigende Wirkung. Wenn Merkel und Seehofer jetzt gemeinsam vor den Kameras erklären würden »Wir schaffen das gemeinsam, weil wir es gemeinsam schaffen wollen«, dann hätte dies heute ebenfalls eine befreiende Wirkung – für die Deutschen *und* für die Flüchtlinge.

Die wichtigste Frage dieses Buches und unserer Zukunft heißt: Wie schaffen wir es, ein modernes, selbstbewusstes Einwanderungsland zu werden? Integration erfordert ja nicht nur Anstrengungen der zu integrierenden »Neuen Deutschen«, sondern auch von uns »Alten Deutschen«. Wenn Integration zwischen 1945 und 2015 in Deutschland insgesamt erfolgreich möglich war, warum sollte sie künftig nicht auch möglich sein? Dafür gilt freilich auch für uns Alte Deutsche: Verpennt nicht die neue Chance! Schlaft nicht, sondern integriert Euch und stellt Euch der neuen Herausforderung! Wenn deutsche Ballspieler 2014 mit Özil, Khedira und Boateng Fußballweltmeister wurden, dann nur, weil diese »Ausländer« mit ihren deutschen Kollegen gemeinsam und integriert ein gutes und starkes Team bildeten. Die These der Integrationsforscherin Annette Treibel: »Einwanderer sind keine Ausländer auf Durchreise und auch nicht mehr die Underdogs. Sie sind längst in der Mitte der Gesellschaft angekommen und gestalten sie mit. Ressentiments gegen Einwanderer haben mit den veränderten Hierarchien im heutigen Deutschland zu tun.« Mesut Özil, Sami Khedira, Jerome Boateng, Lukas Podolski, Ilkay Gündogan, Emre Can und Shkodran Mustafi sind einfach gute Fußballspieler – wie einige andere Deutsche auch.

Das neue Deutschland ist ohne Wenn und Aber Einwanderungsland. Gegen diese schlichte Erkenntnis haben sich viele Deutsche viel zu lange gewehrt. Dabei ist es schon Jahrzehnte so, dass der Name »Alt« im Telefonbuch von New York häufiger zu finden ist als in jeder deutschen Großstadt, dass der Name »Yilmaz«

der in Deutschland meist verbreitete türkische Name ist, und dass der Name »Sarrazin« ein französisch-hugenottischer Name ist. Die Sarrazins waren einmal Flüchtlinge. Und Deutschland hat sich deshalb nicht abgeschafft. Sie alle gehören heute wie selbstverständlich zu Deutschland. Es gibt 2016 in Deutschland iranische Chefärztinnen, türkische Müllmänner, italienische Eisverkäufer, indische Krankenschwestern, ukrainische Altenpfleger, polnische Pfarrer, marokkanische Filialleiterinnen bei Aldi. Der Arzt, dem ich viel verdanke, ist ein international anerkannter Herzspezialist, den wir vor 35 Jahren mit dem Rettungsschiff Cap Anamur im Südchinesischen Meer vor dem Ertrinken gerettet haben. Die Zuschauer meiner »Report-Sendung« hatten zur Rettung von über 11.000 Boat-People über 15 Millionen Mark gespendet. Der Vietnam-Flüchtling Dr. Quang Nguyen hat vielen Deutschen geholfen. 35 Jahre nach diesen Rettungsaktionen haben wir im August 2014 im Hamburger Hafen mit 3.500 Vietnamesen ein Dankesfest gefeiert. »Danke Deutschland«, stand auf ihren Plakaten. Zusammen mit zwei deutschen Vizekanzlern haben wir gesungen: »Einigkeit und Recht und Freiheit für das deutsche Vaterland ... Blüh im Glanze dieses Glückes, blühe deutsches Vaterland.«

Die 11.000 damaligen Boat-People sind bestens in Deutschland integriert. Ihre Kinder und Enkel studieren zu 67 Prozent. Die jungen Deutschen von heute studieren zu etwa 50 Prozent. Integration ist möglich. 2010 holte Christian Wulff als Ministerpräsident in Niedersachsen die deutschtürkische Ministerin Aygül Özkan in sein Kabinett. Dazu Heribert Prantl in der Süddeutschen Zeitung: »Die Vereidigung der Ministerin Aygül Özkan schlägt ein neues Kapitel in der deutschen Einwanderungsgeschichte auf. Jetzt müssen sich alle integrieren – auch Roland Koch und Markus Söder ... Integration verlangt nicht nur von Neubürgern viel, sondern auch einiges von den Altbürgern. Integration stellt alte Gewissheiten in Frage. Integration bedeutet, dass auch die Mehrheitsgesellschaft alte Gewissheiten neu diskutieren muss.«

Seit 2015 sind zwei Flüchtlinge im CDU-Bundesvorstand. Der neue Vorsitzende des Rings Christlich Demokratischer Studenten heißt Jenovan Krishnan. Der 24-Jährige ist 1991 in einem Flüchtlingsheim in Nürnberg zur Welt gekommen. Seine Eltern stammen aus Sri Lanka. Sie waren vor einer extremistischen marxistischen Guerilla geflohen, die in tamilischen Dörfern Bauern bei lebendigem Leib verbrannte. Seine Mutter war in einem Boot nach Singapur geschmuggelt worden. Die Eltern fanden Arbeit in der bayerischen Metallindustrie. Das CDU-Mitglied sagt: »An der CDU gefällt mir, das die nicht darauf gucken, wo ich herkomme, sondern wohin ich will.« Er studiert in Frankfurt Politische Wissenschaft. 2014, so erzählt Jenovan Krishnan, lud die Kanzlerin alle CDU-Funktionäre mit Migrationshintergrund nach Berlin ein – Angela Merkel schwärmt noch heute von der Begeisterungsfähigkeit der neuen CDU-Mitglieder. CDU-Generalsekretär

Tauber pragmatisch: »Wenn sich ein Volk verändert, muss sich auch eine Volkspartei verändern.«

Krishnan ist in der CDU kein Einzelfall: Auch der Vorsitzende der Jungen Union, Paul Ziemiak, kam mit seinen Eltern als Spätaussiedler aus Polen zuerst ins Lager Friedland. Während die CDU in der Flüchtlingsfrage um ihre Identität ringt, kommen ihre beiden wichtigsten Nachwuchspolitiker aus Flüchtlingsheimen.

Auch Cemile Giousouf hat es geschafft: vom Einwandererkind zur Bundestagsabgeordneten. Sie ist seit 2014 die erste Bundestagsabgeordnete der CDU, die muslimischen Glaubens ist. Sie betont, dass sie wegen des »C« in die CDU eintrat. »Ich stehe hinter den christlichen Werten wie Nächstenliebe, Gerechtigkeit und Gleichwertigkeit von Mann und Frau.«

Jung. Weiblich. Muslima. CDU. An dieses Quartett muss man sich erst noch gewöhnen. Ihr Glaube stellt für sie eine Verbindung zu den Wertkonservativen in der CDU her. Nach den Terroranschlägen am 13. November 2015 in Paris erklärt die Muslima: »Dieser Terror ist auch gegen Muslime in Europa gerichtet. Denn für die Terroristen ist jeder Andersdenkende ein Ungläubiger und Feind. Deshalb gilt dieser Angriff jedem Demokraten. Als Muslimin in Europa bin ich stolz auf die Errungenschaften dieser Staatengemeinschaft, die es geschafft hat, dass Menschen nach verheerenden Weltkriegen heute in Frieden leben können.«

Ihre Eltern kamen aus Griechenland, gehörten dort zur türkischen Minderheit und sind als ungelernte

Arbeiter nach Deutschland gezogen. Die 35-Jährige mit den rotbraunen Haaren ist in Leverkusen geboren. Deutsch lernte sie von ihren Mitschülern. Sie schaffte das Abitur, studierte Politische Wissenschaft und engagierte sich im Deutsch-Türkischen Forum der CDU. Sie wurde Referentin im Büro des ersten Integrationsministers in Nordrhein-Westfalen, Armin Laschet. Was bedeutet es politisch, dass sie gläubige Muslima ist? Sie zitiert den katholischen Prälaten, der beim Eröffnungsgottesdienst des neuen Bundestags gesagt hat: »Folgen Sie Ihren Gewissensentscheidungen.« Und fügt hinzu: »Als Geschöpf Gottes habe ich Verantwortung dafür, wie ich mit Menschen umgehe.«

Bisherige »Ausländer« bereichern unser Deutschland. Es ist intelligenter und hilfreicher, diesen neuen Realismus mit Zuversicht zu gestalten, als ihn mit Missmut, Angst und Vorurteilen abzuwehren.

Es ist höchste Zeit, zunächst einmal die neuen Realitäten anzuerkennen. Es geht um die soziale Wirklichkeit in Deutschland. Neue Einwanderer, frühere Einwanderer und Alteingesessene gehören zum selben Land. Sie können einander bereichern. Also: Integriert Euch, aber auch: Beruhigt Euch. Alles kann gut werden. Wenn wir es wirklich, wirklich wollen. Das neue Deutschland muss nicht brutaler, es kann vitaler werden. Angela Merkel hat ihre CDU und Deutschland östlicher, protestantischer, bunter und flüchtlingsfreundlicher gemacht.

Wir Deutschen müssen uns jetzt entscheiden: Entweder wir schotten uns gegenüber den Neudeutschen ab und machen ihnen das Leben schwer. Also: Pegida-Deutschland. Dann entstehen nicht integrierbare, halb-legale Parallel-Gesellschaften, die zu Brutstätten von Konflikten werden können. Oder wir engagieren uns für ein bereicherndes faires Miteinander, in dem alle gewinnen: Asylanten und Flüchtlinge, die Neue Deutsche werden, aber auch die Alten Deutschen und der Sozialstaat. In diesem Buch finden Sie viele Beispiele für das gelingende Miteinander. Alles Mögliche war einmal unmöglich. Noch 2013 sagte der damalige CSU-Bundesinnenminister Hans-Peter Friedrich: »Wir können 5.000 syrische Flüchtlinge aufnehmen, mehr ist unmöglich.« 2015 kamen eine Million, also das 200-fache. Und es war natürlich möglich.

Kurz vor Abschluss dieses Manuskripts rufe ich den Vorsitzenden des »Arbeitskreises Asyl« in Baden-Baden, Ludwig Herfs, an und frage ihn, welches die größten Probleme bei der Integration sind. Der 66-Jährige hat schon einige Jahre Erfahrung mit Flüchtlingen und Asylanten: »Die deutsche Bürokratie ist ein größeres Problem als die Flüchtlinge«, erzählt er lachend. »Wir haben kein Flüchtlingschaos, sondern ein administratives Chaos.« Erst gestern habe er für einige Syrer, die seit September 2015 in Baden-Baden untergekommen sind, einen Asyl-Antrag an das Bundesamt für Migration und Flüchtlinge in Nürnberg geschickt. Die Antwort sei heute gekommen: »Bitte warten Sie noch bis März 2016. Erst danach können wir Ihre Anträge bearbeiten, denn es fehlt noch ein Aktenzeichen.« Solange die Anträge aber nicht bear-

beitet werden, gibt es für die Flüchtlinge keine Arbeits-
erlaubnis. »Die Leute sind aber nicht hierhergekommen,
um zu faulenzen, sondern um zu arbeiten.«

Das Beste in der derzeitigen Situation sei die Willkommenskultur der deutschen Gesellschaft. »Diese
Hilfsbereitschaft hätte ich mir noch vor einem Jahr
nicht träumen lassen.« Und was ist das Schrecklichste,
was Sie bisher von den Flüchtlingen selbst gehört haben? »Das, was mir Eritreer über ihre Folterungen in
afrikanischen Gefängnissen erzählt haben. Das geht
nicht spurlos an einem vorüber. Und dann: Dass 30
bis 40 Prozent der Flüchtlinge traumatisiert sind durch
Kriege in ihrer Heimat und durch schreckliche Flucht-
erlebnisse.« Über die Ängste, die Horst Seehofer schürt,
kann der Chef des Baden-Badener Arbeitskreises Asyl
nur den Kopf schütteln: »Horst Seehofer müsste in die
Psychiatrie. Zum Glück für die Flüchtlinge ist die bayerische Bevölkerung gegenüber den Flüchtlingen auf-
geschlossener als ihr Ministerpräsident.«

»Warum machen Sie diese Arbeit?«, frage ich Lud-
wig Herfs noch. »Als Rentner habe ich viel Zeit. Die
Leute sind sehr dankbar. Helfen macht auch Freude.
Also ich tue das auch für mich.«

Deutschland zwischen Mitgefühl und Angst

»Kreuzkatholische Philippinen kicken mit muslimischen Syrern. Ein palästinensischer Arzt hält Sprech-

stunde. In Schwester Nicolina aus Kroatien hat Marcello, der fünfjährige Sohn einer Albanerin und eines Palästinensers, eine Ersatzoma gefunden. Bald werden auf dem Sportplatz des Klosters Container für 80 Menschen stehen und hier so viele Flüchtlinge wie Seminaristen leben. Viele Jahre hat der Orden Priester in die Welt geschickt. Nun kommt die Welt zum Orden.«

So beschreibt die Süddeutsche Zeitung im Herbst 2015 eine aktuelle Situation im Kloster Sankt Augustin bei Bonn, einem Kloster der Steyler Missionare. Missionieren, sagen die Mönche, wollen sie nicht, aber den Flüchtlingen helfen. Zur Zeit wohnen bei 24 Mönchen sechs Kinder mit ihren Eltern aus Afghanistan, Albanien, Mazedonien, Syrien, Irak und der Mongolei, insgesamt sind 20 Menschen zu Gast.

Dass Flüchtlinge in Deutschland integriert werden können, haben nach 1945 12 Millionen Ost-Flüchtlinge im Westen Deutschlands bewiesen und nach 1960 mehrere Millionen »Gastarbeiter«. Ohne diese »Flüchtlingsströme« wären der heutige Wohlstand und das insgesamt weltoffene und bunte Deutschland nicht denkbar. Was aber werden heute und morgen neu ankommende Millionen Flüchtlinge mit uns Deutschen machen?

Zwischen Angst und Mitgefühl – so lässt sich die gegenwärtige Situation hierzulande beschreiben. Ist das bereits eine Krise oder die neue Dimension einer Situation, die es schon immer gab? Zum Beispiel im 19. Jahrhundert, als Millionen Deutsche in heute unvorstellbarer Not in die USA auswanderten. Dort hat heute beinahe jeder Zweite deutsche Wurzeln. Integration gelungen.

Eine gelingende oder misslingende Integration hängt weitgehend vom Umgang mit unserer natürlichen Angst vor dem Fremden ab. Angst ist eine seelische Rüstung, die wir uns anlegen, wenn es auf Abwehr ankommt. Angst überdeckt Mitgefühl. Das hat freilich zur Folge, dass wir uns abschotten, unsere Sicherheit über alles stellen und das große Ganze aus den Augen verlieren. Angst macht uns arm und krank. Wir werden verhärtet, wenn die Angst uns besetzt hält. Diese Grundängste werden immer aktiv, wenn sich persönliche oder gesellschaftliche Veränderungen anbahnen.

Je mehr wir als Kind mit unseren Grundängsten allein gelassen wurden, desto weniger Urvertrauen haben wir als Erwachsene in die Lösungsmöglichkeiten neuer Herausforderungen und desto mehr fürchten wir uns vor »Fremden«. Dann werden aus Flüchtlingen »gefährliche Menschen«, die unsere Sicherheit, unseren Wohlstand, unsere Arbeits- und Studienplätze gefährden. So wird manchmal aus Angst sogar Hass, der dazu führt, dass Flüchtlingsheime brennen – über 700-mal im Jahr 2015 in Deutschland. Die Deutschen zwischen Hilfe und Hass, zwischen Mitgefühl und Angst.

Vielleicht ist der äußere Umgang mit der Flüchtlingskrise – Sprachkurse, Wohnungen, Arbeitsplätze – in einem reichen Land leichter zu lösen als der innere Umgang mit unseren Ängsten vor dem Unbekannten wie dem Islam und allem Fremden.

Sicher in diesen unsicheren Zeiten ist nur eins: Die Flüchtlinge werden uns verändern, und wir werden sie verändern. Wenn es halbwegs gut geht, werden wir voneinander lernen und uns gegenseitig bereichern – genauso, wie es schon bei früheren Flüchtlingskrisen geschehen ist. Auch heute können wir den Flüchtlingen helfen und sie uns mittel- und langfristig, wenn wir es zusammen intelligent anstellen. Am einfachsten, so der Psychotherapeut Richard Stiegler, geschieht dies, wenn wir »eine Öffnung unserer Identität zulassen«, das heißt, wenn wir nicht nur auf das Fremde in den Flüchtlingen sehen, also auf ihre andere Sprache, Religion oder das Aussehen oder auf ihr Kopftuch achten, sondern primär auf das, was uns alle verbindet: auf ihr Menschsein. Im Koran finde ich den schönen Vers: »Wenn ich *einem* Menschen das Leben rette, rette ich die ganz Menschheit.«

Zu mehr Toleranz fordert uns der Dalai Lama auf, wenn er aktuell schreibt: »Ethik ist wichtiger als Religion.« Oder auch Jesus von Nazareth, wenn er Nächstenliebe, Fernstenliebe, ja sogar Feindesliebe empfiehlt. Übrigens und speziell für die Verteidiger des christlichen Abendlandes: Der Emigrant aus Nazareth (siehe Seite 108) war schon als Kind ein Flüchtling, als er vor König Herodes fliehen musste, so wie der Dalai Lama 1959 vor den chinesischen Besatzern (siehe Seite 137). Beiden prominenten Flüchtlingen hat die Menschheit viel zu verdanken: Das Wichtigste ist die Liebe, sie zuerst macht uns zu Menschen, die diesen Ehrennamen verdienen.

Die große Herausforderung unserer Zeit besteht darin, dass wir unsere Ängste zulassen und fühlen, anstatt sie zu verdrängen. Dann müssen wir sie in produktive Liebesarbeit umsetzen – ganz konkret und praktisch. So bekommt auch Angela Merkel recht: Wir schaffen das.

Was dem Einen Hoffnung gibt, macht dem Anderen Angst. Nach aller historischen Erfahrung wird gerade in Deutschland die Chance wachsen, die aus Hoffnung Zuversicht werden lässt. Mut, Offenheit, Hoffnung und Vertrauen sind die Basis für ein gutes Leben in der Zukunft. Ein so gewachsenes Leben ist lebenswerter als ein von Mutlosigkeit, Hoffnungslosigkeit und Angst verkorkstes.

Wir haben heute die große Chance, eine Gesellschaft der Achtsamkeit und des Mitgefühls zu werden.

7. November 2015:
Passau Hauptbahnhof

Ständig lese ich in diesen Tagen, dass im Münchner Hauptbahnhof oder am Passauer Bahnhof »Asyl-Chaos« herrsche. Der »Spiegel« berichtet von »Kontrollverlust«. Ich bin auch im Herbst 2015 mit Vorträgen in ganz Deutschland unterwegs – fünfmal steige ich am Münchner Hauptbahnhof um und zweimal bin ich in Passau. Weder hier noch da kann ich »Chaos« erkennen. Zum Beispiel am 7. November 2015.

Am Hauptbahnhof in Passau sehe ich nur wenige Flüchtlinge. Mein erster Eindruck ist das Gegenteil von

Chaos. Alle Züge sind pünktlich – zumindest in dem Sinne, wie die Deutsche Bahn Pünktlichkeit versteht. 200 Meter vom Hauptbahnhof entfernt ist die Bahnhofsmission. Daneben ein Zelt für die aus Österreich ankommenden Flüchtlinge. Ich sehe viele freiwillige Helfer in ihren gelben Westen, Übersetzer mit der Aufschrift »Translator«. Bäckereien, Supermärkte und Hotels in Passau haben Lebensmittel zur Verfügung gestellt.

Vielleicht 200 bis 250 Flüchtlinge sitzen auf Bierbänken: viele dunkelhäutig, meist müde junge Männer, wenige verschlafen wirkende Frauen mit Kindern, vereinzelt Familien. Alles macht einen geordneten Eindruck: von der Essensverteilung bis zur Kleiderausgabe. Jede Stunde werden etwa 100 Flüchtlinge registriert und danach in Bussen nach Landshut, Freising oder Straubing gefahren. Wenn das der »Ausnahmezustand« ist, dann ist er zumindest sehr geordnet. Die Kollegen der »Passauer Neuen Presse« berichten sachlich und nüchtern über die angebliche »Flüchtlingskrise«. Die Menschen kommen aus Afghanistan, Syrien und dem Irak. Viele telefonieren. Das Handy ist für die vor Krieg und Elend Fliehenden die wichtigste Kommunikationshilfe. Das heißt: Sie sind in Jetzt-Zeit mit ihren Familien und Angehörigen verbunden und über die neuesten Entwicklungen in ihrer Heimat, aber auch hier, informiert. Ihr Handy ist ihr Lebensretter, Reiseführer, Familienzusammenführung, Schlepper-Kontakt.

Keine andere deutsche Stadt nimmt derzeit so viele Flüchtlinge auf wie Passau. Die meisten Flüchtlinge sprechen natürlich kein deutsch und nur wenig englisch. Die Dolmetscher übersetzen: »Danke, dass uns die Deutschen so gastfreundlich empfangen und dass wir so gut behandelt werden.« Die Geduld der Flüchtlinge und ihre Ruhe beeindrucken jeden, der hier vorbeischaut. Die Helfer weisen darauf hin, was ihre Schützlinge in den letzten Jahren in ihrer Heimat sowie in den letzten Wochen und Tagen auf ihrer Flucht hinter sich haben. Heute kommt die Meldung von UNICEF, dass in Syrien im fünften Jahr des Bürgerkriegs 8,2 Millionen Kinder auf Hilfe von außen angewiesen sind: »Das Leben einer ganzen Generation liegt in Trümmern.«

Dem Kinderhilfswerk der UNO fehlen allein 2015 mehr als 250 Millionen Dollar, um diese syrischen Kinder auch nur notdürftig durch den Winter zu bringen. Sechs Millionen Syrer sind außerhalb ihres Landes auf der Flucht und acht Millionen im Land. Syriens kleiner armer Nachbar Libanon zählt 3,5 Millionen Einwohner und 1,5 Millionen Flüchtlinge. Mir drängt sich hier am Passauer Bahnhof die Frage auf, ob das reiche Deutschland mit 83 Millionen Einwohnern von einer Million Flüchtlingen tatsächlich überfordert ist?

Am Abend sitzt bei meinem Vortrag die stellvertretende Landrätin des Nachbarlandkreises Freyung-Grafenau, Renate Cerny, die zu den Freien Wählern gehört, in der ersten Reihe. »Wir schaffen das«, sagt auch sie. Von anderen Besuchern höre ich: »Ja, das ist schon heftig. Letzte Woche kamen 35.000 über die

Grenze, und Passau hat 50.000 Einwohner. Was wir hier freilich nicht brauchen können, sind Pegida und AfD.« Aber auch: »Es fehlt an der Koordination mit Österreich. Die informieren uns nicht, bringen dann aber unangemeldet ganze Busladungen mit Flüchtlingen einfach an die Grenze und lassen sie dort stehen.« Einige Wochen später rufe ich die Vize-Landrätin noch einmal an. Sie ist immer noch optimistisch: »Ich bin überwältigt von der Hilfsbereitschaft der bayerischen Bevölkerung. Es gibt auch Vorurteile, aber nur bei einer Minderheit. Zum Beispiel gegenüber dem Islam. Wichtig ist, dass wir neben der Hilfe für Flüchtlinge die deutschen Hartz-IV-Empfänger nicht vergessen.«

Mein ICE fährt am nächsten Morgen pünktlich von Passau ab. Von Chaos noch immer keine Spur. Und nirgendwo Flüchtlingshorden, die unkontrolliert über Deutschlands Grenzen eingefallen sind. Ich sehe aus meinem Zugfenster ein Plakat, das »Brot für die Welt« aufgehängt hat: »Manche haben ihr ganzes Leben hinter sich gelassen, um eine Zukunft zu haben.«

Kurz nach meiner Abfahrt fährt ein IC-Sonderzug mit Flüchtlingen von Passau nach Köln, der IC 2949, täglich. Auch das ist inzwischen mehr Routine als Chaos. Ein anderer täglicher Zug ist der IC 2942 von Freilassing nach Berlin-Schönefeld. Mein Eindruck: Das schöne Bayern schafft auch das. Und zwar so: Zuerst Kontrolle der Flüchtlinge an der Grenze durch die Bundespolizei, dann ein medizinischer Check, weiter zum Bahnhof, warten im Zelt, essen und aufwärmen und nach wenigen Stunden im Zug oder Bus weiter in einen der insgesamt fünf »Verteilkorridore«. Einer davon ist in Bayern, ein weiterer in Heidelberg, ein dritter in Nordrhein-Westfalen, der vierte in Kiel und der fünfte in Berlin. Alles sehr ordentlich. In der Bürokratie heißt das Ganze: »Deutschlandausgleich«.

Aber Horst Seehofer hatte noch kurz zuvor geraunt: Hilfe, wir gehen unter! Doch seine Beamten höre ich sagen: »Wir schaffen das.« Auf diese sehr geordnete Weise sind seit 1993 bis Ende November 2015 in Bayern genau 2.762.246 Flüchtlinge registriert worden, schreibt die Süddeutsche Zeitung. Grüß Gott! An manchen Tagen denke ich, dass die so genannte Flüchtlingskrise eher eine Krise der Politik ist als eine Einwanderungskrise. Das System, nach dem hier in Deutschlands Flüchtlingshauptstadt alles und bestens funktioniert, hat den schönen Namen »Easy«. Doch damit ist nicht das englische Wort gemeint, sondern die Abkürzung für »Erstverteilung von Asylbegehrenden«. Trotzdem easy.

11. November 2015: »Offener Brief« an Horst Seehofer

Heute ist das Fest des Heiligen Martin, in ganz Deutschland feiern Kinder mit Umzügen und Martinslichtern den Heiligen der Flüchtenden. Passend zu diesem Tag geht in der Staatskanzlei in München ein »Offener Brief« an Horst Seehofer ein, der es in sich hat. 41 katholische Ordensobere, Äbtissinnen und Äbte, fordern vom Christen und Vorsitzenden einer sich christlich nennenden Partei, Horst Seehofer, nicht weniger als praktizierte Solidarität mit Flüchtlingen.

Die katholischen Ordensleute nehmen »mit brennender Sorge wahr, wie auch in unserem Land rechtsnationale Kräfte und Meinungen sprach- und öffentlichkeitsfähig werden, die ein Klima der Angst und Bedrohung schüren und gegen Geflüchtete und Menschen anderer Religionen hetzen und inzwischen schon tätig gegen sie vorgehen«.

Die Unterzeichner werden noch deutlicher und appellieren an Horst Seehofer, »dringend von einer Rhetorik Abstand zu nehmen, die die Geflüchteten in ein zwielichtiges Licht stellt. Wir appellieren vielmehr dafür, die Geflüchteten zuerst als Mitmenschen zu sehen, die als Schwestern und Brüder zu uns kommen und unsere Solidarität brauchen«. Die konkreten Forderungen der Ordensleute widersprechen der derzeitigen Politik Seehofers: keine Transitzonen, keine Auffanglager, keine Einschränkungen von Einzelfallprüfungen in Asylverfahren. Zudem – und das ist das Besondere – soll der Beschluss zurückgenommen werden, die Westbalkanstaaten Bosnien, Serbien, Mazedonien, Albanien, den Kosovo und Montenegro als »Sichere Herkunftsländer« zu deklarieren, damit Asylsuchende schneller abgeschoben werden können. Wörtlich schreiben die Ordensleute: »Als Menschen ist es unsere Pflicht zu helfen. Als Christinnen und Christen treten wir ein für eine Kultur des Teilens. Als Ordensleute solidarisieren wir uns mit den Geflüchteten.« Die Hilfsbereitschaft der Bevölkerung sei ein »Schatz, mit dem es zu wuchern und die Gesellschaft zu gestalten gilt«. Was nun, Herr Seehofer?

Immerhin lädt der bayerische Ministerpräsident drei Wochen später fünf Unterzeichner des Briefes ins Staatsministerium ein und spricht zwei Stunden mit ihnen. Diese sagen nach dem Treffen, sie hätten mit ihrer Botschaft bei Horst Seehofer »auch Nachdenklichkeit erzeugt«. Na ja!

Fast alle Klöster in Bayern haben selbst Flüchtende aufgenommen. Allein das Benediktinerkloster Münsterschwarzach über 30. Es gibt Meldungen, bei denen man noch stolz sein darf auf die christlichen Kirchen.

Aber dann passiert ein Ereignis, das uns alle traf wie ein unvorhergesehener Blitz.

2.
IST DER DRITTE WELTKRIEG AUSGEBROCHEN?

13. November 2015 – Paris

21.20 Uhr: In der Nähe des Stade de France gibt es eine erste Explosion. Im Stadion spielen die französische und die deutsche Fußball-Nationalmannschaft vor 80.000 Zuschauern gegeneinander. Es gibt vor dem Stadion zwei Tote. Aus Sicherheitsgründen übernachtet die deutsche Nationalmannschaft in den Kabinen des Stadions.

21.25 Uhr: Im Pariser Osten schießen in der Bar »Le Carillon« Terroristen auf Gäste. 15 Menschen werden getötet.

21.32 Uhr: Vor der Bar »A la Bonne Biere« wird ebenfalls geschossen. Fünf Menschen sterben.

21.36 Uhr: Den Schüssen im Restaurant »La Belle Equipe« erliegen 19 Menschen.

21.40 Uhr: Konzerthalle Bataclan. Drei Personen dringen mit Sturmgewehren in die Halle und töten während eines Rockkonzerts der Band Eagles of Death Metal 89 Menschen. Die Angreifer haben dabei »Allahu Akbar« »Allah ist groß« gerufen.

Insgesamt werden in dieser Nacht in Paris 130 Menschen durch islamistische Terroristen getötet und etwa 350 verletzt. Viele von ihnen ringen um ihr Leben. Und plötzlich reden alle von »Krieg«. Wir dürfen dabei nicht vergessen, dass französische Kampfflugzeuge zuvor IS-Stellungen bombardiert und wahrscheinlich ebenfalls viele Menschen getötet haben. Also sagen die Terroristen: »Das ist die Rache für Eure Bombardements.« Wer ist in der Lage, diesen Teufelskreis jemals zu durchbrechen?

Mit »Rache« unsererseits kommen wir nicht weiter. Wir werden endlich lernen müssen, uns unseren eigenen dunklen Schattenseiten zu stellen. Überall auf der Welt, also auch bei uns, hat die Waffenindustrie Grund zum Feiern, wenn das Wort »Krieg« fällt. Denn sie lebt vom Krieg und nicht vom Frieden.

Es ist gerade mal 70 Jahre her, dass hierzulande ein ungeheurer Prozess der Dehumanisierung stattgefunden hat. Angeblich feindliche oder minderwertige Menschen wurden zu »Ungeziefer« erklärt, das auszurotten war. Das taten dann auch ansonsten ganz gesetzestreue Bürger und anständige Christen. Befehl war Befehl. Das Böse in uns, den Hitler in uns, den Nazi in uns, den Kreuzzügler in uns verdrängen wir nur allzu gern. Dabei sind – historisch gesehen – auch die Kreuzzüge gar nicht so lange her. Die Teufelskreise der Gewalt können nur von Menschen durchbrochen werden, die fähig sind, sich ihrem eigenen Schatten, dem Bösen in sich, zu stellen. Dass wir heute diese Schattenarbeit eher leisten können als frühere Generationen, verdanken wir den Pionieren der Psychoanalyse und Tiefenpsychologie wie Sigmund Freud und Carl Gustav Jung.

Solange wir uns gegen den Terror mit genau denselben Mitteln wehren, die wir bei Terroristen verurteilen, ist niemandem wirklich geholfen. Wer sich dem totalitären Zerrbild seiner Gegner anpasst, die ihn angreifen, hat schon verloren. Die »unbedarfte Leichtigkeit« (Carolin Emcke in der Süddeutschen Zeitung), mit der plötzlich wieder vom »Krieg« oder gar vom »Weltkrieg« gesprochen wird, beweist nur, wie rasch wir verdrängen. Der Deutsch-Amerikaner Henry Kissinger hat – wohl aus böser eigener Erfahrung beim Vietnam-Krieg – den Satz geprägt: »The test of policy is how it ends, not how it begins.« Also: Politik wird nicht danach beurteilt, wie

sie beginnt, sondern womit sie endet. »Respice finem«
– »Bedenke das Ende«, haben uns schon die römischen
Philosophen gelehrt. Aber wer von den leichtfertigen
Kriegsrufern und Kriegsrednern von heute bedenkt
diese uralten politischen Erfahrungen? Die trostlosen
Folgen eines »naiv-magischen Vertrauens« (Carolin
Emcke) in »Kriege als Instrumente der Befriedung« sind
in Afghanistan, dem Irak oder in Libyen zu besichtigen.
Der frühere Bundeskanzler und Verteidigungsminister
Helmut Schmidt war sicher kein Pazifist, aber dieses
Wort von ihm sollten die heutigen Politiker nie verges-
sen: »Lieber hundert Mal ergebnislos verhandeln als
einmal schießen« oder einmal bomben. Man muss sich
das so konkret wie irgend möglich vorstellen: Frieden
durch das Abwerfen von Bomben? Wie, um alles in der
Welt, sollen Bomben Probleme lösen? Sie schaffen nur
immer neue.

130 Tote durch Terroristen in Paris – das soll laut
François Hollande »Krieg« sein. Der israelische Pub-
lizist Uri Avneri meint, den »Terroranschlag in Paris
Krieg zu nennen, ist Unsinn. Politiker, die das tun, sind
entweder Dummköpfe oder Zyniker oder beides.« Terroranschläge haben nur einen Sinn: Angst und Schre-
cken zu verbreiten. Deshalb tut der französische Präsident mit seinem Kriegsgerede und seinem »Krieg
gegen den Terror« den Terroristen einen großen Gefallen. Terror verbreiten diejenigen, die keine Atombomben haben. Krieg, das war zum Beispiel 1945 der
Abwurf von zwei Atombomben auf Hiroshima und Na-

gasaki mit über 400.000 Toten bis heute. Hollande hat einen einzigen Grund, um jetzt von »Krieg« zu reden: Er spielt den starken Führer, indem er die Angstmache der Terroristen verbreitet und verstärkt, um dadurch wiedergewählt zu werden. Ein bislang schwacher Präsident spielt den starken Max. Die Nato, der Westen, auch die Bundesregierung konnten mit 250.000 Bürgerkriegstoten in Syrien leben, ohne dort militärisch einzugreifen. Es waren ja nicht »unsere« Toten. Aber nach den 130 Toten in Paris beschlossen Bundestag und Bundesregierung am 2. Dezember 2015, sich am »Krieg gegen den Terror« zu beteiligen. Die Toten von Paris sind plötzlich »unsere« Toten. Mit dem Pathos von der »Solidarität mit Frankreich« sind die Toten von Paris nicht wieder lebendig zu machen, aber weitere Tote in Syrien und Irak werden wahrscheinlich die Folgen auch des deutschen Militäreinsatzes sein. Eine politische Strategie oder eine vernunftgesteuerte Antwort sehen anders aus. Tornados sind kein Ersatz für Politik. Aber in Berlin ist nach den Terroranschlägen »Solidarität mit Paris« wichtiger als die bisherige »Politik der militärischen Zurückhaltung«. Das ist merkwürdig, aber nicht Merkel-würdig. Solidarität zeigt sich nicht darin, eine falsche Strategie zu unterstützen.

Der Terror von Paris ist ein schweres Verbrechen, das nach französischem Recht zu bestrafen ist. Kein Staat hat Frankreich angegriffen – es waren eher französische und belgische Staatsbürger, die zu Terroristen wurden. Für diesen »Krieg« gibt es kein UNO-Mandat. Er ist völkerrechtswidrig. Das gilt auch für Deutschland. Diese Art von Solidarität ist zudem grundgesetzwidrig. Denn es ist ein Angriffskrieg. Artikel 26 des Grundgesetzes: Angriffskriege »sind verfassungswidrig. Sie sind unter Strafe zu stellen.« Politisch hingegen könnte Deutschland vieles tun: keine Waffen mehr nach Saudi-Arabien schicken. Deutschland und die USA könnten mehr auf die Saudis einwirken, damit der IS von dort keine Unterstützung mehr erhält. Man muss zusammen mit Russland eine Strategie entwickeln, um den IS politisch zu schwächen.

Auch diese Militärintervention wird wieder wirken wie andere zuvor: als Rekrutierungsmaschinerie für weitere Terroristen. Die Bundesregierung rückt damit näher heran an den Krieg gegen die Kopfabschneider des »Islamischen Staats«. Aber damit wächst natürlich auch die Gefahr für Terroranschläge in Berlin, München, Frankfurt, Hamburg oder Köln. Die Anschläge könnten in ganz Europa stattfinden. Die Geschichte der letzten Jahrzehnte lehrt: Dieser neue Krieg ist schon verloren, bevor er beginnt. Kriegsparteien waren bisher: die USA, einige arabische Staaten, Russland, mehrere Oppositionsgruppen gegen Assad, die Türkei, Hisbollah-Milizen – eine Koalition von Feinden gegen den IS. Und nun auch noch Frankreich, England und Deutschland. So wird das Töten nicht beendet, sondern verstärkt und verlängert. Am Himmel über Syrien wird es immer enger. Die Konflikte in Syrien finden schon jetzt auf drei Ebenen statt: national, regional und international. Das

bisherige Ergebnis: 250.000 Tote, vier Millionen Flüchtlinge in den Nachbarländern und in Europa und über
sieben Millionen Heimatvertriebene innerhalb Syriens.

Der Hauptkriegsgrund wird bei dieser unheiligen
Koalition oft vergessen: Es ist ein Krieg der islamischen
Konfessionen, ein Krieg zwischen Sunniten und Schiiten. Auch hier gilt: Ohne Religionsfrieden kein politischer Frieden. Und erst recht gilt das neue Postulat
des Dalai Lama: Ethik ist wichtiger als Religion. Alles starrt auf den »Islamischen Staat«, doch der »ist
nicht die Ursache des Problems, er ist das Symptom«,
schreibt Wolfgang Bauer in der »Zeit« und fordert:
»Gebt den Sunniten einen Staat.« Die Wut der unter-
drückten Sunniten ist die wahre Ursache der Stärke
des IS. Die Sunniten fühlen sich von allen verraten.
Und dies Gefühl geht im Kern auf den von George W.
Bush angezettelten Irak-Krieg zurück.

Am 2. Dezember 2015 hat die deutsche Politik ihren
Verstand verloren. Danach ist es noch schwerer, jemals
wieder zur Vernunft zu kommen.

Der nach dem 11. September 2001 in Afghanistan
geführte »Krieg gegen den Terror« hat inzwischen Pa-
kistan erreicht, aber auch Somalia, Jemen, Irak, Syrien,
Mali, Libyen, den Gazastreifen und die ägyptische Si-
nai-Halbinsel. Nach dieser Eskalationserfahrung gibt es
nicht die geringste Hoffnung, dass ein weiterer »Krieg
gegen den Terror« zu gewinnen sei. Die Strategie des
George W. Bush ist restlos gescheitert. Und dennoch
versuchen seit 2014 die USA und Frankreich, den IS »zu

vernichten« (Obama) oder »zu eliminieren« (Hollande). Natürlich ohne Erfolg, aber mit dem Ergebnis, dass sich die Zahl der Terroristen mindestens verzehnfacht hat.

Man kann aus diesem grandiosen Scheitern der letzten 15 Jahre nur einen vernünftigen Schluss ziehen: Der IS ist militärisch nicht zu besiegen, sondern nur politisch. Was aber heißt das? Die UNO muss eine aus allen fünf ständigen Sicherheitsratsmitgliedern bestehende bewaffnete UNO-Truppe organisieren, die ein »robustes Mandat« hat, den Bürgerkrieg in Syrien zu beenden, alle Waffenimporte zu stoppen und die humanitäre Versorgung der notleidenden Bevölkerung zu ermöglichen. Der UNO-Korrespondent Andreas Zumach rechnet in der »taz« vor, dass durch einen solchen Einsatz ab dem Jahr 2012 wahrscheinlich das Leben der meisten Bürgerkriegstoten hätte gerettet werden, die Ausbreitung des IS hätte verhindert und die Flüchtlingsströme hätten gestoppt werden können. Ohne UNO ist der IS nicht zu überwinden.

Bomben gegen den Terror? Bomben *sind* Terror! Jeder Krieg bringt in uns Menschen nur das Dunkelste hervor. Wie soll daraus je etwas Helles, wie ein friedliches und lebendiges Miteinander entstehen? Gerade »Spitzenpolitiker« sollten in schwierigen Zeiten nicht ihr Gehirn ausschalten. Krieg ist die dümmste aller Lebensweisen. Genau aus dieser Erkenntnis ist nach 1945 in Deutschland das Grundgesetz entstanden und für die UNO die Allgemeine Erklärung der Menschenrechte. Durch Mord und Totschlag entsteht kein Leben. Alles Lebendige entsteht nur aus Liebe. Im Schlafzimmer genauso wie in der Politik. Weil dies in einigen lichten Momenten erkannt wurde, ist in vielen Ländern die Todesstrafe abgeschafft worden.

Der Sozialdarwinismus, der die Überlegenheit bestimmter Rassen über Andere predigt, ist wissenschaftlich längst widerlegt, wirkt aber in uns noch immer nach. Doch die Liebe zum Anderen oder zum Fremden gehört von Natur aus zu jedem menschlichen Wesen. Eine solche zarte, subjektive Mitgift in jedem von uns ist die wirksamste Waffe gegen einen blinden und tumben Kollektivismus von Ideologen und ihr undifferenziertes Weltbild. Erst der Blick auf andere zeigt uns, was wir wirklich sind, was in uns angelegt ist, was in uns wachsen soll und kann. Das lässt sich bei jedem Neugeborenen beobachten.

Wir müssen in unserer sozial immer mehr auseinander driftenden Gesellschaft viel mehr Anstrengungen dafür unternehmen, dass es in diesem reichen Deutschland keine Verlierer mehr gibt. Angst kann auch Teile der Gesellschaft erfassen. Dabei geht es um Abstiegsängste oder um die Angst, gesellschaftlich nicht teilhaben zu können. Menschen, die nicht zu den sozialen Gewinnern gehören, bekommen Angst vor Fremden und vor Flüchtlingen, weil sie fürchten, dass durch sie ihre Chancen noch schlechter werden. Auch Bildungsunterschiede spielen bei diesen Ängsten eine starke Rolle. Es geht jedoch nicht darum, ob jemand »Ausländer« ist oder nicht. Es geht darum, dass alle hier Lebenden an den Segnungen der Aufklärung wie Toleranz, Freiheit, Gerechtigkeit und Gleichberechtigung der Geschlechter oder auch Gewaltlosigkeit gegenüber Kindern, aber auch am ökonomischen Wohlstand teilhaben können.

Dieser »Krieg« darf nicht unser Krieg werden. Attac Frankreich analysiert: »Auch Frankreich trägt mit seinen Militärinterventionen im Irak, Syrien, Libyen, Mali, Tschad, Niger und in der Zentralafrikanischen Republik dazu bei, diese Regionen zu destabilisieren. Sie lösen die Flucht jener Migrantinnen und Flüchtlinge aus, die gegen die Festung Europa prallen und deren Leichen an unseren Küsten stranden.« Ungleichheiten und Raubzüge zerreißen Gesellschaften und bringen sie gegeneinander auf. Ein Prozent der heutigen Weltbevölkerung, die Superreichen, verfügt über 50 Prozent des Welteinkommens. Das heißt: Ein Prozent hat so viel wie die restlichen 99 Prozent. Das kann langfristig so nicht gut gehen.

Es wird global keinen Frieden geben ohne mehr globale Gerechtigkeit. Der niederländische Priester und Psychologe Henri J. M. Nouwen schreibt:

»Viel Gewalt beruht auf der Einstellung, das Leben sei ein Besitz, der verteidigt werden muss, nicht ein Geschenk, gegeben zum Teilen.«

Al Quaida und IS beziehen ihre unmenschliche Stärke aus den Ungerechtigkeiten unserer Zeit. Dieser Krieg führt zu keinem Frieden, weil es keinen Frieden ohne Gerechtigkeit geben kann. Um diesen Krieg zu beenden, werden unsere Gesellschaften mit ihrer Gier nach Macht, Waffen, Öl, Uran und seltenen Metallen Schluss machen müssen. Eine andere, eine bessere Welt ist möglich. Perspektivlosigkeit ist eine oft übersehene Ursache von Flucht, Migration, aber auch Terror. Wir müssen uns um gefährdete junge Menschen kümmern, bevor es der IS oder Al Qaida tun.

Frankreichs Präsident François Hollande spricht sofort nach den Anschlägen am 13. November 2015 von »Krieg« wie George W. Bush nach den Anschlägen in den USA am 11. September 2001. Regierungschef Manuel Valls sagt wieder und wieder: »Wir sind im Krieg.« Expräsident Nicolas Sarkozy ruft gar »den totalen Krieg« gegen die Terroristen aus. Der Papst sagt, der »dritte Weltkrieg« habe begonnen, und Bundespräsident Gauck spricht von einer »neuen Art von Krieg«. Viele Medien übernehmen reflexhaft den schrecklichen, aber falschen und gefährlichen Begriff »Krieg« einiger Politiker. »Die Welt« schreibt: »Diesen Krieg müssen wir gewinnen.« Die »Süddeutsche Zeitung« spricht von »Zeiten des Krieges«.

Wer den Zweiten Weltkrieg noch miterlebt hat, kann über diese Geschichtsvergessenheit nur den Kopf schütteln. Gerade in schwierigen Zeiten sind in erster Linie Vernunft und Achtsamkeit gefragt und nicht verbales Kriegsgetöse. Aber »Bild« kommentiert so: »Ja, es ist der Krieg unserer Zeit. Es ist ein Krieg, den uns die mörderische Ideologie des Islamismus aufgezwungen hat. Der beste Beweis ist, dass unsere Nationalmannschaft in unserem eigenen Land nicht mehr sicher Fußball spielen kann ... Wir haben die moralische Pflicht, nicht vor diesem Krieg zurückzuschrecken.« Seit wann ist Krieg eine moralische Pflicht? Was ist der Unterschied zu den »Argumenten« der »heiligen Krieger« des Islamismus? Seit wann darf man sich Kriege aufzwingen lassen?

Der Westen muss endlich herunter von seinem moralischen Hochsitz. Das Welt-Gemeinwohl war uns bisher ziemlich egal. Dieses moralische Defizit holt uns jetzt ein – einerseits durch Flüchtlingsströme, andererseits durch Terror.

Helmut Schmidt hat in den Zeiten des deutschen Terrorismus der RAF im Herbst 1977 »trotz unseres Zorns einen kühlen Kopf« gefordert. Genau das brauchen wir auch heute. Und Besonnenheit. Trotz oder gerade wegen der irren Wirren des IS und ihrer hiesigen Helfer. Terrorismus führt nicht zum dritten Weltkrieg, aber wir müssen neu über eine wehrhafte Demokratie nachdenken und streiten.

Mit wirklicher Religion haben »heilige Kriege« natürlich überhaupt nichts zu tun. Die Terroristen von Paris 2015 und New York 2001 haben mit dem Islam so wenig gemein wie der Ku-Klux-Klan in den USA mit der Bibel. Rache ist so unislamisch wie unchristlich.

In Terror-Hochzeiten sind die Abwehr- und Hassreflexe gegen Flüchtlinge besonders ausgeprägt. Es blieb dem bayerischen Finanzminister Markus Söder vorbehalten, den bösartigen Satz zu sagen: »Nicht jeder Flüchtling ist ein Terrorist.« Das ist Terror-Generalverdacht gegenüber denen, die gerade vor dem Terror fliehen mussten. Kriegsfanatiker sind schwer zur Umkehr zu bewegen. Vielleicht ohne es zu wollen, sichern sie immer das Geschäft der Waffenindustrie – ob im Namen der NATO oder »im Namen Allahs«. NATO-Terrorismus ist nicht besser als IS-Terror. Denkt überhaupt jemand unter den derzeitigen westlichen Kriegs-Befürwortern daran, dass diejenigen Terroristen, die demnächst ihre Flugzeuge in ein Atomkraftwerk jagen können oder gar in mehrere, mit ziemlicher Sicherheit bereits unter uns leben? Wer diesen Zusammenhang nicht sieht, lebt im Wolkenkuckucksheim, aber in Terrorzeiten nicht auf dieser Erde. Also ist Eskalation die falsche Antwort und Deeskalation die einzig vernünftige. Wir wissen aus der Deeskalationsforschung: Wer sich in einer bedrohlichen Situation befindet und sich dann auch noch auf das Drehbuch des Täters einlässt, wird häufig dessen Opfer. Der Täter wartet nur auf eine Reaktion, die seine Tat rechtfertigt. Gegengewalt lässt fast immer eine schwierige Situation eskalieren. Gewalt braucht intelligentere Antworten als Gegengewalt. Der Präsident des Bundeskriminalamtes, Holger Münch, nach den Anschlägen in Paris: »Wir brauchen eine nationale Präventionsstrategie ... Wir können und wir müssen mit Radikalisierten, auch mit Syrien-Rückkehrern, arbeiten.«

Wir haben heute etwa 400 AKW auf der Welt. Das sind 400 potentielle Angriffsziele für Terroristen. Allein bei unseren atomverrückten französischen Nachbarn sind noch immer mehr als 60 AKW am Netz. Welche

Ausreden werden uns Atompolitiker und Atomlob-
byisten nach einem solchen Angriff erzählen, falls sie
überhaupt noch vor eine Kamera treten?

Wir sind in atomarer Geiselhaft

Terroristen können uns im Atomzeitalter relativ einfach in atomare Geiselhaft nehmen. Ob wir das wahr-
haben wollen oder nicht: Jedes AKW hat ein atomares
Restrisiko. Es gibt kein einziges absolut sicheres AKW
auf unserem Planeten. Was aber heißt atomares Restrisiko wirklich? Diese Frage beantwortete mir nach dem
Tschernobyl-Unfall der Chef der Aufräumarbeiten in
Tschernobyl, Professor Wladimir Tschernousenko. Er
war ein glühender Anhänger der so genannten friedlichen Nutzung der Atomenergie. Seine Antwort: »Atomares Restrisiko ist jenes Risiko, das uns jeden Tag
den Rest geben kann.« Auf meine Nachfrage, ob die
deutschen Kernkraftwerke nicht sicherer seien als die
russischen, sagte er: »Ja, aber das heißt, sie werden
etwas später explodieren.«

Dieser Atomphysiker wurde in Tschernobyl ver-
strahlt, bekam Krebs und wusste, dass er noch etwa
fünf Jahre zu leben hatte. Erst danach wurde er zum
Gegner der Atomkraft. Solange auch nur ein einziges
AKW läuft, leben wir nicht wirklich in Friedenszeiten.
Denn in weltweit 400 AKW wird der Stoff für Atombomben produziert.

Ein Atomterror-Unfall kann weitere Flüchtlingsströme unvorstellbaren Ausmaßes zur Folge haben. Der damalige japanische Ministerpräsident Naoto Kan, der zur Zeit der Fukushima-Katastrophe im Amt war, sagte danach: »Wir hätten um ein Haar 50 Millionen Menschen evakuieren müssen … Ich schäme mich heute sehr dafür, dass ich den Märchen der Atomindustrie von den sicheren AKW geglaubt habe.«

Wenn alle von Krieg reden, ist die Frage nach dem Frieden besonders wichtig. Wir müssen den Frieden denken – gerade jetzt. Und für den Frieden arbeiten. Jede und jeder. Wie aber wächst Frieden? Durch Dialog, durch Hilfsbereitschaft, durch Vernunft. Das alles lehnt der IS ab. Er will Gewalt und praktiziert Gewalt. Doch diese mordende IS-Bande ist das Symptom, nicht die Ursache. Die Ursachen gehen tiefer: Kriege um Öl, Ausbeutung, ungerechte Verteilung der Ressourcen, unvorstellbare Armut. Die UNO gibt am Tag des Terroranschlags in Paris bekannt, dass allein in der Sahelzone in den nächsten Monaten mit großer Wahrscheinlichkeit 700.000 Kinder verhungern werden. Unglaublich. Aber keine Schlagzeile! Solange wir nur die Symptome bekämpfen, dürfen wir uns über Terror eigentlich nicht wundern. In Paris, sagt der französische Soziologe Michel Wieviorka, haben Vorstadt-Jugendliche gebombt, »die nichts haben. Und plötzlich verspricht ihnen einer das Paradies. Heldentum. Einen Kampf gegen die, die nie etwas von ihnen wissen wollten.« Und er fügt hinzu: »Frankreich wird bombardiert, weil wir Syrien bombardieren.« Die Migrationskrise, die Europa jetzt trifft, ist ein Weckruf zur Selbstbesinnung. Dieser »Krieg« wird nicht dadurch entschieden, dass wir die Hauptstadt des IS bombardieren. Dort, in Rakka, leben 400.000 Zivilisten. Diesen »Krieg« werden wir gewinnen, wenn wir hier in Europa den Menschen helfen, die vor den Terroristen fliehen mussten.

Der französische Journalist Nicolas Henin geriet für zehn Monate in die Gefangenschaft des IS. Nach den Anschlägen in Paris und nach den Bomben auf Rakka sagt er: »Wir sind dem IS in die Falle gegangen. Ich kenne sie. Sie erwarten Bombardements. Was sie fürchten, ist Einheit.«

Die Pariser Anschläge sind keine Kriegserklärung. Sie sind Terroranschläge. Das ist ein großer Unterschied. Terror kann man erfolgreich nicht mit Gegenterror, also mit einem Krieg gegen den Terror, bekämpfen. Wir können nicht ewigen Krieg wollen. Die Kriegsfalle, in die der IS uns locken will, müssen wir umgehen. Das Gesetz der Rache dürfen wir uns nicht aufzwingen lassen. Dass George W. Bush mit seinem unbedachten Krieg gegen den Irak den heutigen Schlamassel im Nahen Osten mit angerichtet hat, wird ganz rasch vergessen. Dieser Krieg war ein Krieg um Öl und hat den Urkonflikt im Irak, den zwischen Sunniten und Schiiten, nicht gedämpft, sondern befeuert. Unter den Terrorfolgen leiden wir noch heute. Als 2001 die Nato ihren Krieg gegen Al Qaida in Afghanistan begann, trat der stärkste Militärapparat aller Zeiten an. Wie schon zuvor der Sowjetunion oder noch früher England war das Scheitern der ISAF in Afghanistan vorprogrammiert. Dieser Krieg kostete in 15 Jahren 1,5 Millionen Menschen das Leben und verschlang allein in den USA 700 Milliarden Dollar. Was hätte man mit diesem Geld an Entwicklung, Integrationsarbeit und für den Frieden durch intensive Friedensarbeit tun können! Oder auch nur für die Sicherung der eigenen Grenzen gegen Terroristen! In Afghanistan und im Irak sollte der Terror militärisch besiegt werden – vor beziehungsweise seit 15 Jahren. Eine neue Studie belegt, dass die Menschen in diesen beiden Ländern heute am meisten unter Terrorismus leiden.

Eine alte jüdische Weisheit im Talmud sagt: »Wer einem Menschen das Leben rettet, rettet die ganze Welt. Wer aber einen Menschen tötet, tötet die ganze Welt.« Ähnlich lese ich im Koran in der Sure 5, 32: »Wer einen Menschen tötet, für den soll es sein, als habe er die ganze Menschheit getötet. Und wer einen Menschen rettet, für den soll es sein, als habe er die ganze Welt gerettet.« Diese Erkenntnis entspricht auch der Intention Jesu in der Bergpredigt. Jesus und Mohammed lehrten uns, dass Gott dient, wer den Menschen dient. Allerdings: Jesus bleibt Pazifist bis an sein Ende. Mohammed leider nicht.

Gegen eine Willkommenskultur für Flüchtlinge sind die Terroristen langfristig chancenlos. Je freundlicher wir uns gegenüber den jetzt Elenden und Verdammten verhalten, desto größer wird endlich die Chance zur Versöhnung zwischen Arabern und dem Westen.

Vielleicht werden Araber von Christen erstmals besser behandelt als von Muslimen. Wir haben jetzt mit der »Flüchtlingskrise« endlich eine reale Chance, die historisch gewachsene westliche Arroganz gegenüber dem Islam zu beenden und uns für unsere koloniale Vergangenheit glaubwürdig zu entschuldigen. Was allein die USA in Zusammenarbeit mit ihren europäischen Verbündeten in den letzten 50 Jahren im Iran, im Irak, in Syrien, in Libyen angerichtet und angestellt haben, bedarf noch Jahrhunderte lang einer »Wiedergutmachung«. Eine menschenfreundliche Flüchtlingspolitik kann der bescheidene Anfang einer neuen Kooperation zwischen der »islamischen« Welt und dem »christlichen« Abendland sein. Wir haben die Chance, ein neues Kapitel in der Geschichte zwischen Abendland und Morgenland zu schreiben. Die alte Interessenspolitik des Westens im Nahen Osten hat nie unseren wirklichen Interessen gedient. Es ist Zeit für einen Marshallplan für die Region Nordafrika und den Nahen Osten.

Im Rechtsstaat werden potentielle Mörder von Geheimdiensten beobachtet, Mörder von der Polizei gefasst und von Gerichten verurteilt. Spüren die Kriegsrufer in ihrer verzweifelten Hilflosigkeit wirklich nicht, dass sie damit den Terroristen in die Hände spielen, wenn sie ihnen übereifrig den »Krieg« erklären? Damit werden Mörder zu Staatsmännern verklärt, denen man den »Krieg« erklären kann. Das wertet sie auf und treibt ihnen neue Anhänger zu. Nein, die IS-Terroristen sind und bleiben eine Mörderbande, die keinen

Staat repräsentieren. Wie denn auch? Aber der IS steht für das Gefühl der Sunniten im Irak und im Libanon, von den Schiiten benachteiligt zu sein. Das ist kein militärisches, sondern ein politisches Problem. Und der IS wird weiter bomben, solange dieses Problem nicht politisch angegangen wird. Außerdem: Menschen werden nicht als Terroristen geboren. Je früher Prävention ansetzt, desto größer die Chance, dass Terrorgruppen ihres Nachwuchses beraubt werden. Dazu gehört Gefängnisseelsorge genauso wie Sportangebote und Hilfe bei der Arbeitsplatzsuche von jungen Migranten.

Der Terrorismus lebt von der Devise: Immer mehr Gewalt. Das Gegengift kann nicht heißen »noch mehr Gewalt«, sondern »mehr Vernunft«. Heißt: unsere Werte stärken wie *liberté, egalité, fraternité*, Bürgerrechte, Demokratie, Toleranz und Sozialstaat. Und nicht deren Einschränkung – ein zweiter Kapitalfehler in den USA nach dem 11.9.! Andernfalls spielen wir den Terroristen mehr unbewusst als bewusst in die Hände.

In verantwortungslosen Politiker-Reden wird jetzt wieder viel von »Verantwortung« geredet – auch von »Verantwortung für den Frieden« und zugleich von »gnadenloser Vergeltung« (François Hollande). Aber niemand kann je die Verantwortung für Tausende Tote übernehmen.

Krieg wird uns die Seele rauben. Feindesliebe, wie sie in solchen Situationen Jesus empfiehlt, heißt ja nicht »lass Dir alles bieten«, sondern »sei klüger als Dein Feind«. Nur so kann es gelingen, den Teufelskreis der Gewalt zu durchbrechen. Größere Wachsamkeit ja, aber nicht immer mehr Gewalt. Davon profitiert nur die weltweite Waffenindustrie. Diese nennt sich natürlich auf der ganzen Welt »Sicherheits- und Verteidigungsindustrie«. Klar: Der Wolf war schon immer ein Lamm und die Katze eine Maus.

Zwei Konzepte stehen sich jetzt gegenüber: offene Gesellschaft mit Grundgesetz, Gleichberechtigung von Frau und Mann sowie Gewaltfreiheit gegenüber Kindern auf der einen Seite oder Totalitarismus, Scharia und religiöser Fundamentalismus auf der anderen Seite. Die offene Gesellschaft wird diesen Kampf nur gewinnen, wenn sie es intelligenter macht als ihre Feinde. Das Kriegsvokabular versperrt uns die Sicht auf das eigene Böse und verdrängt Selbstkritik. Der Rechtsstaat muss sich verteidigen, aber Rechtsstaat bleiben: Mit Polizei und Geheimdiensten, mit Prävention und Integration. Die gelingende Integration von Flüchtlingen und Einwanderern ist derzeit die beste Verteidigung. Im »Spiegel« fragt Jakob Augstein: »Was ist das Ziel des Terrors? Angst, Gewalt und Uneinigkeit. Wie reagiert der Westen auf den Terror? Mit Angst, Gewalt und Uneinigkeit. Europa hat sich vom ›Islamischen Staat‹ das Gesetz der Rache aufzwingen lassen.«

Die Lektion, die wir Deutschen nach 1945 endlich gelernt haben, sollten wir nicht mutwillig aufgeben. Diese Lektion, dieser neue deutsche Grundpazifismus, feierte 1989 seinen bisher deutlichsten Triumph in dem Ruf der Bürgerrechtler »Wir sind das Volk« und »Keine Gewalt«.

Wir dürfen als Christen nicht vergessen, dass der Oberterrorist in der jüngsten Geschichte der Christ George W. Bush war. Er hat sich auf Jesus berufen, so wie die Terroristen in Paris auf ihren Gott. Bush in seinem ersten Wahlkampf: »Mein Vorbild ist Jesus.« Die Fundamentalisten in Paris riefen: »Allah ist groß.« Sie haben 130 Menschen erschossen. Der Krieg von Präsident Bush im Irak hat 200.000 Menschen das Leben gekostet. Und der Verursacher dieses Krieges ist wesentlich verantwortlich für die heutige Existenz des so genannten Islamischen Staates, des IS.

Am 11. September 2001 sind in New York 2.300 Menschen durch Terroristen ums Leben gekommen. Wir waren schockiert – die USA traumatisiert. In den Ländern der so genannten Dritten Welt sind seither etwa 300 Millionen Menschen verhungert – wo bleibt unser Schock, wo ist unser Trauma? Dieses Leid lassen wir gar nicht an uns heran. Solange das so bleibt, kann und wird es keinen Frieden geben können.

Aber auch das ist wahr: Historisch haben Terror-Organisationen nie eine Zukunft gehabt. Nicht die RAF in Deutschland, nicht die IRA in Irland und nicht die ETA in Spanien. Auch Diktaturen dauern nicht ewig: Nicht die Nazi-Diktatur, nicht die Stalin-Diktatur, nicht die Ceaușescu-Diktatur, und auch die Diktatur in China wird eines Tages ihr Ende erleben. Die Zeit arbeitet weder für Terror-Organisationen noch für Diktaturen.

Es gibt nur einen Weg, der langfristig vielleicht Erfolg verspricht. Außenminister Frank-Walter Steinmeier hat ihn eingeschlagen, um dem IS den Boden zu entziehen: Reden. Reden, reden auch mit Putin und mit dem Iran und mit Saudiarabien, das bisher den IS weitgehend finanziert. Europa, die USA, die Türkei müssen in einem hartnäckigen diplomatischen Kraftakt mit den genannten Regierungen gemeinsam auf den IS einwirken. Der Erfolg ist damit zwar nicht garantiert, doch das ist besser als bomben. Vorbild für ein besonnenes Verhalten nach einem Terroranschlag ist der norwegische Ex-Ministerpräsident Jens Stoltenberg, der zwei Tage nach dem Attentat 2011 sagte: »Noch sind wir geschockt, aber wir werden unsere Werte nicht aufgeben. Unsere Antwort lautet: mehr Demokratie, mehr Offenheit, mehr Menschlichkeit.« Gelingende Integration ist die intelligenteste Prävention gegen Terror.

Terror ruft Angst hervor und Angst führt zu Abschottung und Rassismus.

Völlig aussichtslos ist der Versuch, den IS militärisch zu vernichten. Die bisherigen Erfahrungen: Auf jeden getöteten Terroristen kommen mindestens zehn neue. Nach dem 11. September hat der damalige US-Verteidigungsminister Dick Cheney gesagt: »Dieser Krieg gegen den Terror kann 50 Jahre dauern.« Der Dalai Lama hingegen lieferte das Kontrastprogramm und schickte nach dem 11. September 2001 George W. Bush ein Telegramm. Darin stand: »Herr Präsident, auch Bin Laden ist unser Bruder.«

Und nach den Anschlägen in Paris sagt der Dalai Lama: »Es gibt nur eine Möglichkeit, diesen Konflikt zu lösen: Wir müssen auch mit dem IS reden.« Der ehemalige Verteidiger des norwegischen Massenmörders Anders Breivik, Geir Lippestad, drückt dieselbe Idee so aus: »Es gibt keine Menschen ohne Menschenrechte.« Die Qualität eines Rechtsstaats erweist sich am Umgang mit seinen schärfsten Gegnern. Diese rechtsstaatliche Selbstverständlichkeit hatte damals der amerikanische Präsident nicht verstanden. Die jetzigen ersten zaghaften Bemühungen, den IS auf diplomatischem Weg zu besiegen, lassen eine schwache Hoffnung erkennen, den Teufelskreis der Gewalt anders besiegen zu wollen, als wir das bisher aus der Kriegsgeschichte kennen. Aber: Vor 26 Jahren hat auch niemand geglaubt, dass eine gewaltfreie Wiedervereinigung Deutschlands möglich sein könnte. Und sie war möglich. Vor 35 Jahren konnte sich noch kaum jemand vorstellen, dass sich die meisten lateinamerikanischen Diktaturen zu Demokratien entwickeln werden, aber sie taten es. Wer hätte 1989 gedacht, dass Nelson Mandela Präsident wird? Er wurde es. Wer hätte noch vor zehn Jahren daran geglaubt, dass die unter Hausarrest stehende Aung San Suu Kyi in Burma an die Macht kommt? Im November 2015 wurde sie mit großer Mehrheit gewählt. Selbst zwischen Israel und Palästina ist Frieden möglich.

Wir wissen längst, dass Gewalt immer neue Gewalt erzeugt. Wir müssen vor allem ethisch und geistig wachsam werden und wachsen lernen. So wie der Dalai Lama es vorschlägt. Die Tragödie des 11. September, die Tragödie des Syrien-Krieges, an dem der Westen nicht unschuldig ist, und die Tragödie der Anschläge in Paris sind primär ein spirituelles Problem, meint der Papst des Ostens. Bei einem Besuch in Baden-Baden hat er die Politik des George W. Bush als »Desaster für die ganze Welt« bezeichnet. Die Auswirkungen dieses »Desasters« spüren wir heute.

Es gilt, unsere Mitschuld zu verstehen und daraus zu lernen. Solange wir das Böse immer nur auf Andere projizieren, können wir uns spirituell nicht entwickeln. Der buddhistische Religionsführer betont immer wieder, dass Spiritualität, wenn sie als Rückkehr zu den wesentlichen menschlichen Werten begriffen wird, der Schlüssel für unser Überleben ist. Das gilt für den Frieden, das gilt für mehr Gerechtigkeit, das gilt für die unkontrollierbaren Entwicklungen in der Gentechnik und das gilt für die Umweltzerstörung. Das alte indische Denksystem des Buddhismus setzt sich auf tiefgehende Weise mit dem Funktionieren des Geistes auseinander. Hier haben wir im Westen Nachholbedarf. Innerer Frieden ist die Voraussetzung für äußeren Frieden. Solange aber Geld die Welt regiert, sind wir von einem inneren Frieden so weit entfernt wie die Terroristen. »Wenn wir ein tieferes Glück erfahren wollen, dürfen wir unsere innere Entwicklung nicht weiter vernachlässigen«, schreibt der buddhistische Lehrer. Mehr Mitgefühl ist die Basis des Zusammenlebens. Mitgefühl ist die Basis des Friedens in der Welt. Nur über die Fähigkeit des Mitfühlens und der Achtsamkeit lernen wir, miteinander in Frieden zu leben. Dieser Frieden aber ist mehr als nur die Abwesenheit von Krieg. Dieser Frieden ist eine Geisteshaltung, eine Tugend, eine Neigung zur Güte, zu Vertrauen und Toleranz.

Eine Begegnung mit dem Dalai Lama, der zugleich einer der ältesten Flüchtlinge der Welt ist, verändert jeden. Das bestätigen mir auch Kollegen, die ihn ebenfalls getroffen haben. Statt uns von Terroristen einen Krieg aufzwingen zu lassen, sollten wir uns von diesem spirituellen Meister inspirieren lassen. Seine Politik der Gewaltlosigkeit gegenüber China hat zwar noch keine sichtbaren Erfolge erzielt, aber sie wird langfristig erfolgreicher sein als eine Politik der Rache, der Gewalt und der Vergeltung.

Zunächst einmal müssen wir unterscheiden lernen zwischen der Religion des Islam und der Kriegsideologie Islamismus.

Kritische Zeitgenossen sollten auch nicht glauben, dass es heute keine Kriegspropaganda mehr gibt, nur weil Josef Goebbels nicht mehr lebt. Der Hauptsatz der Kriegspropagandisten lautet so, wie ihn US-Präsident Lyndon B. Johnson 1965 formulierte, um den Vietnam-Krieg zu rechtfertigen: »Die anderen haben angefangen, deshalb müssen wir mit Vergeltung reagieren.« Diese klassische Ausrede forderte anschließend drei Millionen Tote in Vietnam, 50.000 tote US-Soldaten und hinterließ ein von Giftgas zerstörtes Land. So ähnlich argumentierte George W. Bush nach dem 11. September 2001 und auch der französische Präsident

François Hollande nach dem 13. November 2015. Mit quasireligiösem Eifer will er »das Böse besiegen«. Eine fatale Kriegsrhetorik. Abrüstung beginnt mit der Sprache. Das wirksamste Gegengift gegen diese Kriegspropaganda ist die schlichte Erkenntnis, dass Kriege immer Menschenleben fordern, viel Geld kosten, die Waffenindustrie daran Milliarden verdient und deshalb kaum Interesse an Frieden hat. Das erste Opfer eines Krieges ist immer die Wahrheit.

Vor über 40 Jahren habe ich den »Vater der US-Wasserstoffbombe«, Edward Teller, interviewt und ihn nach seiner Militär-Doktrin gefragt. Seine Antwort: »Wir müssen immer doppelt so stark sein wie unsere Feinde.« In der dann folgenden Phase des atomaren Wettrüstens haben wir gesehen, wohin dieser Wahnsinn führt: in Richtung Abgrund.

Wir sollten lernen, politisch längerfristig zu denken anstatt nur an kurzfristige Geschäfte mit Diktaturen. Der Grünen-Vorsitzende Cem Özdemir, ein Muslim, ruft auf einem Grünen-Parteitag am 20. November 2015 in Halle dazu auf, den moderaten, aufgeklärten, europäischen Islam zu unterstützen und nicht weiter den gewaltbereiten, rückwärtsgewandten Steinzeit-Islam wie den saudiarabischen Wahhabismus, der schon Kindern beibringe, dass »das Abhacken von Händen, Auspeitschen, Köpfen, Kreuzigen und Sklavenhaltung« religiös vorgeschrieben sei.

Aber genau mit diesem wahhabitischen Islam machen fast alle westlichen Länder, auch die Bundesrepublik Deutschland, Milliarden-Geschäfte, eben auch Waffengeschäfte, solange wir vom saudischen Öl abhängig sind. Aber mit unserem Geld wird dort Terrorismus und Gewalt finanziert. Hierzulande die Energiewende voranzutreiben wäre intelligenter, als weiterhin vom arabischen Öl oder auch vom russischen Gas abhängig zu bleiben. Eine der zentralen Fragen des 21. Jahrhunderts heißt: Kriege um Öl oder Frieden durch die Sonne?

Die wichtigste Einnahme-Quelle des IS ist das Öl. Es spült ihnen jeden Tag viele Millionen Dollar in ihre Kriegskasse. Solange wir in großem Stil auf Öl setzen, finanzieren wir in großem Stil die Greueltaten mit. Wer den Terror stoppen will, muss die Ölquellen trockenlegen.

Die Sonne schickt uns jede Sekunde unseres Hierseins 15.000-mal mehr Energie, als alle Menschen zur Zeit verbrauchen. Das macht sie kostenlos, umweltfreundlich – für alle Zeit. Worauf warten wir eigentlich noch? Der saudische Islam ist nicht nur Teil des Terrorproblems, sondern dessen zentrale Ursache. 15 von 19 Attentätern des 9. September 2001 kamen aus Saudiarabien. Alle wurden von dort finanziert. Es liegt auch an uns, diese Ursache zu bekämpfen – und zwar ökonomisch und politisch und nicht militärisch. Cem Özdemir: »Kein heiliges Buch steht über den Menschenrechten, keines steht über der Verfassung der Bundesrepublik Deutschland.« Die Diskriminierung von Frauen sei nicht hinnehmbar. Die Werte der Aufklärung stünden nicht zur Disposition. Die Grünen erheben sich nach dieser Özdemir-Rede und spenden ihrem Vorsitzenden minutenlangen Beifall.

Es ist einfach nicht wahr, dass es zum »Krieg gegen den Terrorismus« keine Alternativen gibt. Eine davon heißt: eine intelligentere Politik, vor allem eine vorausschauende und ökologische Energiepolitik. Wer aber Waffen liefert und Kriege führt, wird neue Terroristen ernten.

Cem Özdemir ist der erste Vorsitzende einer deutschen Partei mit Migrationshintergrund. Es gibt heute mehr internationale Migranten als je zuvor. Sie sind oft der dynamischste Teil einer Bevölkerung, und sie entfalten häufig mehr unternehmerische Aktivität als die Alteingesessenen. Das macht vielen Menschen Angst, aber es bietet einer offenen Gesellschaft auch Zukunftschancen. Migration ist kein neues Phänomen. Großbritannien, die Niederlande, Frankreich und Spanien unterstützten in ihrer Kolonialzeit die Ansiedlung ihrer Bürger im Ausland. Danach kamen in umgekehrter Richtung viele Emigranten aus dem Süden nach Europa.

8. Dezember 2015 –
Der millionste Flüchtende in Deutschland

Am 8. Dezember gegen 12 Uhr registriert das Erstaufnahmesystem »Easy« des Bundesamts für Migration und Flüchtlinge (BAMF) offiziell den millionsten Flüchtling in Deutschland im Jahr 2015. Das Bundeswirtschaftsministerium geht davon aus, dass 2016 noch 800.000 und 2017 vielleicht noch 500.000 Flüchtende nach Deutschland kommen werden.

Wo aber sollen diese alle auch nur untergebracht werden, werde ich beim Schreiben und Recherchieren für dieses Buch immer wieder gefragt. Dazu sagt das Pestel-Institut in Hannover: »Flüchtende brauchen keine Neubauten.« In den meisten deutschen Städten und Dörfern gäbe es so viele leer stehende Häuser und Wohnungen, dass Deutschland in den nächsten Jahren circa vier Millionen Flüchtende aufnehmen könnte. Zudem wäre es relativ einfach, wenn hunderttausende Häuser, die demnächst abgerissen werden sollen, für Flüchtlinge renoviert würden – besonders im Osten Deutschlands, im Ruhrgebiet und in vielen ländlichen Regionen. Einige Beispiele, die Daniel Fuhrhop, Autor des Buches »Verbietet das Bauen«, aufzeigt: »Das Land Brandenburg möchte 4.000 Wohnungen nicht wie geplant zerstören, sondern sanieren und dort Flüchtlinge unterbringen. In Frankfurt am Main darf die alte Universitätsmensa des Architekten Ferdinand Kramer vorerst stehen bleiben und wird als Unterkunft hergerichtet. Und ein ganzes Dorf, das dem Abriss geweiht war, wird neu belebt – Kerpen-Manheim stand leer, weil es bis 2022 dem Braunkohletagebau weichen soll, aber jetzt wohnen dort 70 Flüchtlinge.« Also viel Platz in Kasernen, Büros und Krankenhäusern – wie im ersten Teil dieses Buches schon aufgezeigt.

Eine noch größere Rolle bieten freilich leer stehende Wohnungen. Laut Statistischem Bundesamt gibt es davon in Deutschland zur Zeit 1,8 Millionen. Allerdings gilt dies nicht gleichmäßig für alle Regionen. In München, Frankfurt/Main, Berlin oder Hamburg gibt es zu wenige

Wohnungen. Aber in Goslar zum Beispiel zu viele. Hier ruft der Oberbürgermeister dazu auf, mehr Flüchtlinge zu schicken, weil seine Stadt seit Jahren Einwohner verliere.

Bis heute werden jede Woche neu ankommende Geflüchtete nach dem »Königsteiner Schlüssel« verteilt, das heißt nach Einwohnerzahl und Wirtschaftskraft der Bundesländer. Es wäre sinnvoller, auch zu berücksichtigen, ob in Regionen mehr oder weniger Wohnungen leer stehen und ob die Einwohnerzahl in den letzten Jahren gestiegen ist oder nicht. Die Erfahrung zeigt: Schrumpfende Orte, die neue Mitbürger aufnehmen, stärken die Wirtschaft, beleben und verjüngen die Einwohnerstruktur.

Heimatvertriebene, Gastarbeiter, Flüchtlinge

In der Mitte des 20. Jahrhunderts strömten Millionen von »Gastarbeitern« aus Süd- und Osteuropa nach West-, Mittel- und Nordeuropa, so wie in den letzten 200 Jahren Millionen Europäer, auch Deutsche, nach Lateinamerika und in die USA ausgewandert sind. In den letzten 20 Jahren hat die Bedeutung der Migration von Flüchtlingen, Asylsuchenden und irregulären Migranten in allen industrialisierten Staaten stark zugenommen. Ihre Zahl hat sich in dieser Zeit etwa verdoppelt. Die Gründe für eine immer stärker werdende Migration sind so vielfältig wie die Staaten, aus denen die Migranten kommen, und die Länder, in die sie gehen. Der Migrationsexperte des Genfer Zentrums für Sicherheitspolitik, Khalid Koser, schätzt, dass »gegenwärtig 35 Millionen Chinesen, 20 Millionen Inder und 8 Millionen Filipinos außerhalb ihrer Heimatländer leben«. Insgesamt soll es nach seinen Schätzungen im Jahr 2016 circa 200 Millionen Migranten auf unserem Planeten geben. Das heißt: Jeder 35. Mensch lebt nicht in seinem Geburtsland.

Ein internationaler Emigrant wird von der UNO als Person definiert, die mindestens ein Jahr im Ausland lebt. Diese Menschen fliehen vor Verfolgung, Staatszerfall, Hunger, Gewalt und ökonomischer Hoffnungslosigkeit. Migration ist heute ein zentrales Element der Globalisierung. Ich möchte an dieser Stelle aufzeigen: Integration in die neue Heimat ist möglich. Dazu einige prominente und einige ganz normale Beispiele.

3.
INTEGRATION IST MÖGLICH!

Theresia aus Budapest –
die erste heimliche Liebe

Sie hieß Theresia und war ein Flüchtlingskind. Acht
Jahre alt wie auch ich. Sie kam aus Ungarn und war mit
ihren Eltern in meinem badischen Dorf Untergrombach
bei uns »einquartiert«. So hieß es damals, 1946, als nach
dem Zweiten Weltkrieg zwölf Millionen »Ostflücht-
linge« in Westdeutschland untergebracht und später
integriert werden mussten. Die Integration gelang. Wir
haben es »geschafft«. Auch deshalb, weil Theresia und
ich uns im Heu gut verstanden. Sie hatte unvergesslich
schöne, strahlende Augen, ein liebes Gesicht, einen für
mich auffallend attraktiven, ungarischen Dialekt, und
sie war meine erste heimliche Liebe in unserer Scheune.
Zum ersten Mal ahnte ich, dass Mädchen ganz anders
sind und sehr anziehend für Jungen sein können. Eine
wichtige, zarte und schöne Erfahrung.

Zwei meiner engeren Freunde waren Flüchtlinge,
Reinhold und Norbert.

Meine Eltern waren Kohlenhändler im Winter. Mein
Vater machte als gelernter Maurer noch eine Meister-
prüfung, damit er auch im Sommer einen ordentlichen
Beruf ausüben konnte. Er wurde selbstständig und hatte

dann neben dem Kohlenhandel ein kleines Baugeschäft mit bisweilen vier oder fünf Mitarbeitern. Die in unserem Haus »einquartierte« Familie Theresias wohnte im zweiten Stock meines Elternhauses. Ihr Vater hieß Franz wie ich und wurde der erste Mitarbeiter meines Vaters. So gelang Integration ganz natürlich – ein Vorteil für meine Eltern, für Theresias Familie und für mich.

Nachkriegszeit war Wiederaufbau-Zeit. Und das hieß: Essen und Kleider organisieren, zerstörte Häuser reparieren, neue Häuser bauen, Dachstühle ausbessern, Siedlungen für Flüchtlinge planen und bauen. Die ersten Gebäude, die der junge Maurermeister Eugen Alt bauen konnte, waren sechs Reihenhäuser für Flüchtlinge. Der neue Ortsteil im Norden unseres Dorfes hieß und heißt bis heute »Neue Heimat«! Ein Haus kostete damals 60.000 DM. Dieser Auftrag war der Grundstock für das Baugeschäft meiner Eltern – ein kleines dörfliches Konjunkturprogramm – mit den Flüchtlingen für das ganze Dorf. So ähnlich war es überall. Das deutsche Wirtschaftswunder nahm Fahrt auf.

Mein Vater und seine Mitarbeiter hatten viel und gut zu tun. Handwerkeralltag mit wie selbstverständlich angeschlossenem Kirchenbesuch am Sonntag in unserem konservativ-liberalkatholischen badischen Umfeld. Meine Mutter, die mich allein durch den Zweiten Weltkrieg gefüttert hatte, war wie die damaligen Trümmerfrauen jetzt Geschäftsfrau an der Seite meines Vaters.

Flüchtlinge waren »Neubürger« und wollten Arbeitsplätze. Manche waren Konkurrenten für die Alt-Eingesessenen, aber die meisten wurden für den Neuanfang gebraucht. Ich erinnere mich, dass beim Dorf-Friseur oder am Stammtisch in der Dorf-Wirtschaft »Zur Kanne« über die Neubürger oft geschimpft oder gelästert wurde, mal offen, mal im Flüsterton.

Jasmin aus Iran – vom Flüchtling zur Geschäftsfrau

40 Jahre nach Theresias Flucht. Wir schreiben inzwischen das Jahr 1985. Irak und Iran führen einen schrecklichen Krieg um Öl und um mehr Einfluss im Nahen Osten. Die 17-jährige Jasmin Taylor hat in Teheran Angst, dass Bomben ihr Elternhaus zerstören, während sie in der Schule ist. Sie fürchtet um ihr Leben und das ihrer Familie. Viele ihrer Freunde sind bereits im Bombenhagel gestorben. Sie ist täglich mit dem Tod konfrontiert. »Der Tod war immer einen Augenblick entfernt«, erzählt sie im Herbst 2015 in der Talkshow »Menschen bei Maischberger«. Deutschland ließ Mitte der Achtziger problemlos minderjährige Iraner mit dem Flugzeug einreisen.

Jasmin versucht, ihre Eltern davon zu überzeugen, dass sie in Deutschland eine bessere Zukunft habe als in Teheran. Die Eltern sind gegen die Flucht. Jasmin droht mit Selbstmord, flieht alleine, arbeitet in Deutschland zunächst in einem Hotel, besucht nebenher einen Sprachkurs, schafft den Weg auf das Gymnasium und nach dem Abitur sogar an die Universität. In den USA studiert sie Psychologie und Management. Heute ist sie in Berlin Reisekauffrau und mit ihrer Firma »IT Touristik« selbstständige Unternehmerin. »Ich wollte schon immer selbstständig werden und ein eigenständiges Leben führen«, erzählt sie. »Einer der Werte in Deutschland heißt: Wer es schaffen will, der schafft es. Das gefällt mir.« Sechs Jahre nach der Firmengründung arbeiten 60 Angestellte mit ihr und erzielen einen Jahresumsatz von 151 Millionen Euro. 2020 sollen es 500 Millionen sein. Sie sei heute sehr glücklich, sagt sie fröhlich.

2011 wurde sie als erste Frau mit dem »Travel Industry Manager of the Year« ausgezeichnet. »Aber von diesem Glück will ich etwas zurückgeben. Wenn ich heute die Flüchtlingsströme im Fernsehen sehe, dann erinnert mich das an mein eigenes Schicksal als Flüchtling. Deshalb habe ich den Verein ›Strong Independant Sisters‹ gegründet (SIS), in dem 15 Flüchtlingsfrauen so gefördert werden, dass sie sich später in Deutschland ebenfalls selbstständig machen können.« Aus Willkommen soll Ankommen werden. Dazu gehören, wie früher bei Jasmin selbst, Sprachkurse, Ausbildung und Begegnung mit Deutschen. Die Reiseunternehmerin hofft, dass »ihre« Frauen später hier in Frieden, Freiheit und Wohlstand leben können – wie sie selbst auch. »Wenn jemand die Flüchtlingskrise schafft, dann Deutschland«, meint sie. »Ein starker Wille ist Trumpf.« Schließlich verrät sie eines ihrer Geheimnisse »Erfolg ist die Summe meiner Misserfolge.« Noch heute, 30 Jahre nach ihrer Flucht, träumt die erfolgreiche Unternehmerin Jasmin, dass sie in dunklen Tunneln unter der Erde ist und voller Angst Auswege sucht.

Ging es bei ihr in Deutschland immer nur aufwärts? »Nein, als Frau und Ausländerin ist man prinzipiell Vorurteilen ausgesetzt und muss sich häufiger behaupten. Aber ich habe immer versucht, Rückschläge als Herausforderung zu betrachten, aufzustehen und weiterzumachen. Ich bereite mich immer gut vor und beweise, dass mein fachlicher Sachverstand die Länge meines Rocks deutlich übertrifft.«

Diese mutige, kluge und lebenslustige Migrantin aus dem Iran bereichert die deutsche Gesellschaft. Wo sie ihr gutes Deutsch gelernt habe, will ich noch wissen. »Als Flüchtling hat man ja am Anfang viel Zeit. Ich ging in Parks und habe mich zu den alten Menschen auf die Bank gesetzt. Auch sie hatten viel Zeit. Die erzählten mir ihre Kriegserlebnisse aus dem Zweiten Weltkrieg und ich meine aus dem Golfkrieg im Iran. So entstanden Freundschaften, und ich lernte deutsch. Diesen Weg empfehle ich den heutigen Flüchtlingen auch: Redet möglichst viel und oft mit Deutschen.«

In ihr großes Haus in Berlin hat Jasmin Taylor jetzt zwei Flüchtlingsfamilien aufgenommen.

Nur drei Jahre nach Jasmin aus dem Iran flieht das aufgeweckte junge Mädchen Jelena Fisher aus Sibirien nach Deutschland. Sie heißt heute Helene Fischer und ist Deutschlands populärste Sängerin.

Der Flüchtling aus Bethlehem

Er hieß Jeschua (Jesus), war das uneheliche Kind einer jungen Frau (natürlich nicht einer »Jungfrau«), wurde vor etwa 2.000 Jahren in Bethlehem geboren, galt als Hurensohn und musste vor dem Kindermörder Herodes nach Ägypten fliehen. Und später lobte er seine Freunde für ihre Gastfreundschaft: »Ich war hungrig, und ihr habt mir zu essen gegeben; ich war durstig, und ihr habt mir zu trinken gegeben; ich war fremd und obdachlos, und ihr habt mich aufgenommen« (Matthäus 25,35). Am 25. November 2015 zitierte der Fraktionsvorsitzende der Linksfraktion, Dietmar Bartsch, dieses Jesus-Wort. Ungewöhnlich für einen Links-Politiker.

Dieser Jeschua spielt die Hauptrolle in der berühmtesten und populärsten Flüchtlingsgeschichte der Welt – an jeder Weihnachtskrippe.

»Als die Sterndeuter (griechisch: ›magoi‹) wieder gegangen waren, erschien dem Josef im Traum ein Engel des Herrn und sagte: Steh auf, nimm das Kind und seine Mutter, und flieh nach Ägypten; dort bleibe, bis ich dir etwas anderes auftrage; denn König Herodes wird das Kind suchen, um es zu töten. Da stand Josef in der Nacht auf und floh mit dem Kind und dessen Mutter nach Ägypten. Dort blieb er bis zum Tod von Herodes.« (Matthäus 2, 13-15)

Ein die Welt an jedem Weihnachtsfest bewegendes Flüchtlingsschicksal vor 2.000 Jahren.

Sterne hatten den Astrologen den Weg zum neugeborenen Jesus-Kind gewiesen. Die »Magier aus dem Morgenland« waren nach Jerusalem gekommen, um dem »neugeborenen König der Juden« zu huldigen. Der Evangelist Matthäus beschreibt die Szene so: »Als Jesus zur Zeit des Königs Herodes in Bethlehem in Judäa geboren worden war, kamen Sterndeuter aus dem Osten nach Jerusalem und fragten: »Wo ist der neugeborene König der Juden? Wir haben seinen Stern aufgehen sehen und sind gekommen, um ihm zu huldigen.‹ Als König Herodes das hörte, erschrak er und mit ihm ganz Jerusalem ... Danach rief Herodes die Sterndeuter heimlich zu sich und ließ sich von ihnen genau sagen, wann der Stern erschienen war. Dann schickte er sie nach Bethlehem und sagte: ›Geht und forscht sorgfältig nach, wo das Kind ist; und wenn ihr es gefunden habt, berichtet mir, damit auch ich hingehe und ihm huldige‹ ... Weil ihnen aber im Traum geboten wurde, nicht zu Herodes zurückzukehren, zogen sie auf einem anderen Weg heim in ihr Land.«

Eine Traumgeschichte, mit der wir Heutigen uns schwer tun. »Träume sind Schäume«, sagt ein oft gebrauchtes Abwehr-Wort, mit dem wir uns nach vielleicht verwirrenden Träumen zu beruhigen suchen. Eugen Drewermann, Theologe und Psychotherapeut, schreibt: »Gott wohnt in den Träumen unserer Seele, er atmet in den Worten unserer Zärtlichkeit, er nimmt Gestalt an in den Bildern der Dichter und Maler, und er singt sich aus in den Liedern des Glücks.« Der Schweizer Tiefenpsychologe Carl Gustav Jung, der in seinem Leben mehr als 80.000 Träume analysiert hat, sieht in unseren Träumen »Gottes vergessene Sprache in uns«.

Schon C. G. Jung wusste, dass wir die tiefe Wahrheit unseres Lebens nur mit den Augen unserer Seele erkennen können. Hier war er in der Spur Jesu, der nach allem, was wir von ihm wissen, ein großer, sehr realistischer Träumer gewesen sein muss. Anders hätten wir ihn längst vergessen. In allen Religionen und für alle Religionsstifter waren Träume eine wesentliche Erkenntnisquelle. Träume sind die vergessene und deshalb verloren gegangene Sprache Gottes in uns. Aber die Träume Gottes stoßen oft auf eine mörderische Wirklichkeit der politisch Mächtigen – damals wie heute. Jesus-Schüler müssen deshalb immer wieder neu verstehen lernen, den Arrivierten und Etablierten auf die Nerven zu gehen. Dieses Flüchtlingskind hat später diejenigen selig genannt, die Flüchtlinge nicht ertrinken lassen. Die Pfarrerstochter Angela hat dies verstanden.

Das Christentum war von Anfang an eine globalisierte Bewegung. Das Volk Gottes besteht aus allen Völkern. Fremde zu schützen ist ein jesuanischer Auftrag. Sind wir bereit, unseren Eigensinn zu zähmen und Welt-Gemeinsinn zu entwickeln?

Natürlich kann Deutschland nicht die 60 Millionen Flüchtlinge aufnehmen, die zur Zeit über unseren Globus irren. Aber wir können und müssen ihnen helfen. Es ist eine unglaubliche Schande, dass an Weihnachten

2015 die UNO für ein Flüchtlingskind in den Lagern im Libanon, in Jordanien und in der Türkei pro Tag nur noch 30 Cent zur Verfügung hat, weil die reichen Länder ihre Finanzierung nicht einhalten. Auch deshalb fliehen immer mehr nach Europa. Was sollen sie denn sonst tun?

Wer ist heute Herodes, und wie wirkt dieser Herodes in uns? Herodes steht für die Macht. Die psychologische Propaganda der Kriegsvorbereitung läuft immer auf die moralische Vernichtung des »Feindes« hinaus. So war es damals, so ist es heute. Herodes will angeblich »hingehen nach Jerusalem und das Kind anbeten«. In Kriegszeiten wird immer gelogen. Das erste Opfer eines Krieges ist die Wahrheit. Bei Herodes, bei George W. Bush, bei François Hollande. Statt anbeten wollte Herodes töten. Politiker reden von Frieden und bereiten den Krieg vor. Sie wollen, um ihre Macht zu festigen, töten, was sie bedroht.

Wenn unsere Geld- und Machtinteressen auf dem Spiel stehen, reden wir mutig und fromm wie Hollande bei der Trauerfeier für die 130 Toten bei den Anschlägen in Paris. Wir reden von Frieden und meinen den Krieg. Gegen diese Heuchelei hat sich Jesus am deutlichsten in seiner Bergpredigt ausgesprochen, indem er sich klar gegen das Gesetz der Rache, also des »Auge um Auge und Zahn um Zahn« wendet. Wenn wir dieses alte Gesetz nicht überwinden, wird eines Tages die ganze Welt blind und zahnlos. Und unser Reden von Gott wird zu einer Ideologie des Götzen. Der Flüchtling aus Bethlehem wusste, wovon er sprach. Er musste für seine Überzeugung in den Tod.

Und für uns heißt die Frage aller Fragen: Wer in uns ist stärker – Herodes oder der Liebesgott Jesu?

Die Reaktion von François Hollande auf die Terroranschläge in Paris zeigt, dass wir immer noch in einer Welt voller Angst, voller Ohnmacht, voller Unfreiheit und voller Unachtsamkeit leben. Diese Angst hindert uns daran, innerlich frei und selbstbestimmt zu werden. Aus Angst verraten wir unser eigenes Leben, geben unsere innere Freiheit auf und gehen vor der Gewalt-Ideologie von Terroristen in die Knie. Tiefenpsychologisch gesprochen: Wir müssen in unserem Leben ständig wählen zwischen »anbeten«, wie es Herodes angeblich wollte, und zwischen »töten«, was er in Wirklichkeit wollte. Bethlehem oder Jerusalem? Entweder – oder? Oder wie es Jesus in seiner Bergpredigt formuliert: »Ihr könnt nicht zwei Herren dienen.« Was in Bethlehem passiert ist, bedeutet natürlich mehr als ein äußeres Ereignis, es ist die Vorlage für eine innere Entscheidung. Die Pointe dieser Geschichte über den Machtmenschen Herodes und das unschuldige Kind Jesus: Vater, Mutter und Kind fliehen des Nachts von Israel nach Ägypten. Die Aufforderung dazu erhielt Josef im Traum von einem Engel. Während Herodes heute weitgehend vergessen ist, begann die Wirkgeschichte des Flüchtlingskindes Jesus in nach menschlichem Ermessen unvorstellbarem Ausmaß: Über diesen jungen Mann sind tausende Bücher in allen

Weltsprachen publiziert, zu seiner Erinnerung wurden mehr Gebäude errichtet als für jeden anderen Menschen, aber auch mehr Gedichte und Lieder verfasst. Der junge Flüchtling wurde der außergewöhnlichste Mensch aller Zeiten. Und wie bereits gesagt: Für ihn gibt es keine Ausländer, sondern nur Kinder Gottes, also Brüder und Schwestern. Nach 2.000 Jahren hat er etwa zwei Milliarden Anhänger in der Welt.

Der despotische Machtmensch und blutrünstige Tyrann Herodes hat seinen Kampf gegen ein neugeborenes Kind verloren. Dabei scheute der Mann vor Massenmord und Unterdrückung nicht zurück. Gott und seine Idee von uns Menschen waren auf Seiten des Kindes und nicht auf Seiten des Herodes. Eugen Drewermann: »Indem wir uns zu diesem Kind bekennen, werden wir selbst zu Menschen ... Wenn Gott ist, dann ist es uns erlaubt, Mensch zu werden und das Gotteskind in uns zu akzeptieren.« Wir haben im Sinne dieses Gottes Jesu die Freiheit, zu wählen zwischen der vordergründigen Macht und der inneren Freiheit. Dieser Weg ist allerdings so lang und so schwierig wie der zwischen Jerusalem nach Bethlehem und von dort über Ägypten nach Nazareth und wieder nach Jerusalem. Wir alle sind immer unterwegs als Flüchtlinge – auf der Suche nach unserer ewigen Heimat. Dabei zeigt uns niemand einen realistischeren Weg als der Flüchtling aus Bethlehem. Er hat vieles neu gedacht und noch mehr neu gemacht.

Heinrich Böll wurde einmal gefragt, warum er an ein ewiges Leben glaube. Seine Antwort: »Weil wir auf dieser Erde nicht ganz zuhause sind.« Der wunderbare junge Mann aus Nazareth hat in seinen Geschichten und Erzählungen Gott auf einzigartige Weise zur Sprache gebracht und uns gelehrt, dass dieser Vater oder diese Mutter, dieser »Abba« (»Papi« oder »Mutti«) immer und überall Sprechstunde für uns hat. Dieser Flüchtling war und ist einzigartig. Diese Einzigartigkeit ist freilich durch viele falsche Übersetzungen verschüttet und verloren gegangen.

Deshalb habe ich in meinem letzten Jesus-Buch versucht, die Worte Jesu in seiner Muttersprache Aramäisch besser verständlich zu machen. Dabei konnte ich mich auf die Lebensarbeit des Theologen Günther Schwarz stützen, der 50 Jahre lang jeden Tag aramäisch gelernt hat, um Jesus in seiner Muttersprache besser zu verstehen.

Viele Jahre habe ich mich gefragt, warum das Neue Testament das meist gekaufte, aber am wenigsten gelesene Buch der Welt ist.

Warum waren die Menschen am See Genezareth vor 2.000 Jahren verrückt nach diesem Flüchtlingskind Jesus – wie Matthäus schreibt –, und warum hat er uns heute so wenig zu sagen? Liegt das an Jesus oder an uns?

Der Mann aus Nazareth sprach aramäisch, aber viereinhalb Milliarden Bibeln sind aus dem Griechischen übersetzt. Nach meinen bisherigen vier Jesus-Bestsellern machte ich mich in dem Buch »Was Jesus wirklich gesagt hat« auf die Suche nach einem neuen und zugleich alten Jesus.

Auf den Spuren dieses aramäischen Jesus versuche ich, Jesus »heutig« und »tatsächlicher« zu machen. Vieles von dem, was Jesus lehrte, wissen die Christen nicht, und vieles von dem, was sie glauben, lehrte Jesus nicht. Er hat keinen strengen Richter-Gott verkündet, sondern einen liebenden, ja, einen mütterlichen Vater. Das Papsttum ist von Jesus nicht gewollt, sondern eine spätere Fälschung. Die berühmte Weisung »Du bist Petrus, der Fels und auf diesen Felsen will ich meine Kirche bauen« ist – im Aramäischen leicht nachweisbar – ein Wort Gottes an Jesus und kein Wort Jesu an Petrus. Dieser war der erste Bischof von Rom und hat sich nie als »Papst« verstanden.

Jesus hat sich nie als Gott bezeichnet, sondern – wie alle Menschen – als »Kind Gottes«. Vom theologischen Konstrukt einer »Dreifaltigkeit« hat er nie gesprochen. Er war ein radikaler Pazifist und ein Heiler. Im Geiste Jesu können Menschen niemals Sünden vergeben. Das kann allein Gott. Was lehrte Jesus über die Sexualität? Ist auch die Bergpredigt eine Fälschung? Die milliardenfach gebetete Vaterunser-Bitte »Und führe uns nicht in Versuchung« ist natürlich falsch übersetzt. Jesu Gott ist doch kein Zyniker, der uns in Versuchung führen will. Er ist freilich auch kein Kontroll-Freak, weder rachsüchtig noch mörderisch. Was für ein verheerendes Gottesbild! Er hat in Wirklichkeit gebetet: »Und lass retten uns aus unserer Versuchung.«

Das christliche »Glaubensbekenntnis« hätte Jesus niemals mitbeten können, weil er keinen »dreieinigen« Gott und keinen »allmächtigen« Vater kannte.

Die Kreuzigung hat er überlebt, den Tod überwunden. Er wird niemals jemanden »richten«, er ist der Anwalt seiner Freunde. Diese fundamentalen Wahrheiten verdankt die Welt einem Flüchtling.

Jesu Muttersprache aramäisch ist die entscheidende Hilfe zum wirklichen Verständnis des einzigartigsten Menschen und populärsten Flüchtlings aller Zeiten. Aber vor 2.000 Jahren war das Aramäische so weit von der Bibelsprache griechisch entfernt wie heute das Arabische vom Deutschen. Deshalb ist uns Jesus sehr widersprüchlich und unverständlich überliefert. Jesus war überzeugt davon, dass alle Menschen bei Gott enden werden – wenn auch erst nach vielen Leben und vielen Wiedergeburten. Mit seiner fundamentalen Botschaft, dass das Göttlichste an Gott die Liebe ist, wurde Jesus der Träger und Treiber der wahren Weltrevolution.

Ohne das Flüchtlingskind Jesus wäre die Weltgeschichte anders verlaufen.

Wenn ich heutige Flüchtlingsgeschichten höre, denke ich oft an die große Reise des neugeborenen Jesus, seiner Mutter Maria und seines Vaters Josef, um das Kind vor König Herodes in Sicherheit zu bringen. Der Weg zu Fuß nach Ägypten war lang, beschwerlich und gefährlich. Aber auch notwendig. Jesus musste vor der Machtgier und Angst eines Herrschenden geschützt werden. Auch heute müssen Millionen vor der Brutalität und Machtgeilheit ihres Herrschers in Syrien geschützt werden. Dieser moderne Herodes lässt sein eigenes Volk vernichten.

Jede Flucht und jede Reise sind auch ein Symbol für einen Aufbruch im Leben, für einen Neuanfang in einer oft ungewissen Zukunft. Die Flucht kann – wie wir an vielen Beispielen in diesem Buch sehen – auch eine Chance für einen neuen Arbeitsplatz, einen neuen Studienplatz, eine neue Heimat und eine neue Hoffnung sein – bei aller aktuellen Not, ja, sogar bei der Gefahr von Tod.

Franziskus: das Kind von Auswanderern aus Buenos Aires

Er heißt Jorge Mario Bergoglio, nennt sich Franziskus und ist Kind einer Einwandererfamilie. Vor seiner überraschenden Wahl zum Papst hatte es eine Jahrtausendsensation gegeben: Ein Papst war zurückgetreten – freiwillig.

Als Papst Franziskus am 22. Juli 2013 bei seiner ersten größeren Auslandsreise in Rio de Janeiro gelandet war, rief er drei Millionen Jugendlichen zu: »Geht über die Grenzen hinaus und gestaltet eine Welt von Geschwistern.« »Eine Welt von Geschwistern« – das Motto dieses Papstes. Es soll keine Ausländer mehr geben, sondern nur noch Geschwister. Wir alle sind Kinder des einen himmlischen Vaters: Brüder und Schwestern. Politisch gesprochen: Die globalisierte oder die sich globalisierende Welt braucht endlich eine Weltinnenpolitik.

Vor ihm hatte bisher kein Papst den Mut gehabt, den Namen des großen Reformers aus Assisi zu übernehmen. »Ein Name. Ein Programm«, so schrieben die Zeitungen der Welt nach seiner Wahl am 13. März 2013. Am Abend dieses regnerischen Tages um 19.06 Uhr hallt ein Aufschrei über den Petersplatz in Rom. Zuvor war weißer Rauch aus einem Kamin aufgestiegen. »Habemus Papam.« Aber wer war der Neue? Wen hatten die 115 Kardinäle gewählt?

Als der Name Kardinal Jorge Mario Bergoglio als 265. Nachfolger Petri fiel, schauten sich viele Menschen etwas ratlos an. Der Name war den meisten unbekannt und auch noch schlecht zu verstehen. Als aber bekannt gegeben wurde, dass er sich nach dem Heiligen Franziskus nennen würde, brachen spontan Jubel und Begeisterung auf dem Petersplatz aus wie lange nicht mehr. Ein Einwandererkind war Papst geworden.

Der Heilige aus Assisi hatte sich 900 Jahre zuvor »Narr Gottes« genannt. Dieser reiche, verweichlichte und verwöhnte Jüngling verließ sein Elternhaus, um eine Kirche und eine Politik ohne Geld zu fordern sowie Natur und Umwelt zu achten. In seinem »Sonnengesang« preist er »Mutter Erde«, »Bruder Sonne« und seine »Geschwister«, die Tiere und die Pflanzen. Franziskus, Sohn eines reichen Teppichhändlers, hielt im 13. Jahrhundert dem moralischen Verfall des Klerus den Spiegel hin. Der heutige Papst Franziskus hatte schon in seiner fünfminütigen Bewerbungsrede vor dem Konklave gesagt, dass »geistiges Alzheimer« und Hochmut die schlimmsten Sünden der katholischen Theologie und der katholischen Kirche seien.

Als sich während der Papstwahl die Zweidrittel-Mehrheit für den Argentinier Bergoglio abzuzeichnen begann, nahm ihn sein Freund, Kardinal Claudio Hemmes, ebenfalls Jesuit, in die Arme und sagte ihm: »Vergiss die Armen nicht!« Zwei Tage später erzählte der neue Papst vor 2.000 Journalisten: »Das setzte sich tief in mir fest. Die Armen! Die Armen! Flüchtlinge und Heimatvertriebene gehören zu den Ärmsten.« Er habe, fuhr er fort, sofort an Franz von Assisi gedacht. »Er war ein Mann der Armut und des Friedens, einer, der sich für die Schöpfung eingesetzt hat.« Die Medienvertreter klatschten. Und dann erläuterte der neue Papst sein zentrales Anliegen: »Ich möchte eine arme Kirche und eine Kirche für die Armen.«

Die Papst-Biografinnen Esther-Marie Merz und Mathilde Schwabender kommen in ihrem Buch »Franziskus. Vom Einwandererkind zum Papst« zu diesem Schluss: »Wo Franziskus draufsteht, ist auch Jorge Mario Bergoglio drin.« Schon kurz nach seiner Wahl sagte er: »Es tut mir weh, wenn ich einen Priester in einem nagelneuen Auto sehe. So etwas geht nicht.« Dieser Papst lebt, was Dorothee Sölle vor vielen Jahren einmal so formuliert hat: »Theologisches Nachdenken ohne politische Konsequenzen kommt einer Heuchelei gleich. Jeder theologische Satz muss auch ein politischer sein.«

Inzwischen hat sich die Welt daran gewöhnt, dass Franziskus in einem alten Mittelklassewagen durch

Rom fährt. »Er reist in einem bescheidenen Auto. Denkt daran, dass viele Kinder verhungern.« Franziskus, das Einwandererkind, bleibt bodenständig und wohnt in einer knapp 60 Quadratmeter großen Wohnung. Ein neuer franziskanischer Stil. Zum 19. März 2013, dem Tag seiner Amtseinführung, rät Franziskus seinen Landsleuten in Argentinien, nicht nach Rom zu kommen, sondern das Geld für die Flugtickets den Armen zukommen zu lassen.

Vor Hunderttausenden Mitfeiernden formuliert der Bischof von Rom wieder seine wichtigste Botschaft: »Vergesst nie, dass die wahre Macht der Dienst ist … es geht um die Hungernden, die Durstigen, die Fremden, die Nackten, die Kranken, die Gefangenen. Nur wer mit Liebe dient, weiß zu behüten.« Franziskus, so erzählen Kollegen von Radio Vatikan, habe sich nach seiner Wahl mit dem päpstlichen Zeremonien-Meister Guido Martini gestritten. Dieser wollte ihm die alte päpstliche Monzetta um die Schulter legen. Angeblich hat Franziskus dieses römisch-kaiserliche Relikt mit den Worten zurückgewiesen: »Herr Kollege, der Karneval ist vorbei.« Er ertrotzte ein schlichtes Schmuckkreuz aus Metall. Danach tritt er im einfachen weißen Gewand auf die Loggia des Petersdoms, hebt die Hand zum Segensgruß und sagt: »Cari fratelli, care sorelle, buona sera! Liebe Brüder, liebe Schwestern, guten Abend. Ich bitte euch um einen Gefallen, bevor ich euch segne, bittet um einen Segen für mich, Euren Bischof.« »Liebe Brüder und Schwestern« – allein das schon ein Kontrast-Programm zu dem »Sia laudato Gesu Christo« (»Gelobt sei Jesus Christus«), wie es Generationen von Päpsten zuvor gesagt hatten.

Seitdem geschieht im Vatikan Unerhörtes: Das Einwandererkind wäscht am Gründonnerstag Strafgefangenen die Füße, auch Muslimen und einer Frau. Er schreibt in seiner ersten Enzyklika ganz im Geiste der lateinamerikanischen Befreiungstheologie kapitalismuskritisch: »Diese Wirtschaft tötet.« Oder: »Der Apostel Paulus hatte kein Bankkonto.« Neoliberale Ökonomen in der ganzen Welt schreien auf: Der Mann ist Kommunist! Gleiches sagen auch seine konservativen Kollegen im Vatikan. Dabei steht der Papst mit seiner Kapitalismuskritik ganz in der Tradition der katholischen Soziallehre. Schon Benedikt XVI. hatte vor dem Deutschen Bundestag einen »Staat ohne Regeln« ganz im Sinne des Heiligen Augustinus »eine Räuberbande« genannt. Seine erste Reise führt Franziskus nach Lampedusa zu den Flüchtlingen aus Afrika, und er fordert: Schluss mit der Gleichgültigkeit gegenüber den Ertrinkenden. Ein nicht zu überhörendes Signal an die europäische Politik und zugleich eine scharfe Kritik an deren Gleichgültigkeit gegenüber ertrinkenden Afrika-Flüchtlingen.

Bei seiner Messe auf der Flüchtlingsinsel benutzt der Papst einen Hirtenstab und einen Holzkelch, die aus den Überresten eines Flüchtlingsschiffs gefertigt waren. Der Altar für seine Messe stand auf einem Boot. Der Pontifex wollte keinen Pomp, keinen Prunk und kein Getöse. Sein »Papamobil« auf der italienischen

Insel war ein 20 Jahre alter, geliehener Geländewagen. Der neue Papst setzte auf seiner ersten Reise ein politisches Zeichen, kein Staatsbesuch, sondern eine Reise zu den Ärmsten. Das war nicht die hilflos-naive Geste eines greisen Kirchenfürsten, sondern der Startschuss für eine humanere europäische Politik gegenüber Tausenden Afrikanern auf der Flucht. Das Mittelmeer, sagt der Papst, sei ein »Massengrab« geworden und eine Schande für Europa.

20.000 Flüchtlinge sollen in den letzten 20 Jahren im Mittelmeer bereits ertrunken sein. Wenn wir ehrlich sind: Wir haben sie ermordet. Zumindest haben wir uns der unterlassenen Hilfeleistung schuldig gemacht. Ihr »Vergehen« bestand darin, dass sie von einem besseren Leben geträumt haben: ohne Armut, Hunger und Klimakatastrophe. Klaus Töpfer, der im Auftrag der UNO acht Jahre in Nairobi, Ostafrika, gearbeitet hat, geht davon aus, dass heute bereits 18 Millionen

Afrikaner über unseren südlichen Kontinent irren –
auf der Suche nach der nächsten Wasserstelle. Wird
dieses Mittelmeer, mare nostrum, nicht nur für Italien,
sondern für ganz Europa ein dauerhaftes Massengrab
oder eine lebendige Brücke zweier benachbarter Kon-
tinente? Kann der neue Pontifex, wörtlich Brücken-
bauer, beim Bau dieser Brücke helfen?

Franziskus hat alle Pfarreien der Welt, die Klöster
und kirchlichen Einrichtungen aufgerufen, mindestens
eine Flüchtlingsfamilie aufzunehmen. Bei der Hilfe für
Flüchtlinge zeigen sich auch die christlichen Kirchen
in Deutschland sehr lebendig. Mindestens 200.000
Menschen aus beiden großen Kirchen engagieren sich
derzeit bei der Flüchtlingshilfe. Sie eröffnen Flücht-
lingscafes, organisieren Kleidersammlungen und Fahr-
dienste, bieten Deutschunterricht an, sammeln Fahr-
räder und beraten Flüchtlinge, vermitteln Wohnungen
und nehmen sie manchmal in ihre Häuser auf. Die
Sprecherin des Deutschen Caritasverbandes, Claudia
Beck: »Die Leidenschaft und Empathie der ehren- und
hauptamtlichen Helfer sind kaum zu glauben.« Christen engagieren sich gegen Obergrenzen und für eine
großzügige Regelung des Familiennachzugs – auch im
konservativen Bayern. Dieses Engagement verändert
das Land, und die Kirchen gewinnen ein Stück ver-
lorene Glaubwürdigkeit zurück. Die kirchenkritische
Zeitschrift »Publik-Forum«: »Am Ende wird es vielleicht so sein, dass die Kirchen die Flüchtlinge gerettet
haben – und die Flüchtlinge die Kirchen.«

Auch Atheisten und Agnostiker aus der ganzen Welt hören auf diesen Papst. Seine größten Gegner sitzen in seiner engsten Umgebung. Sie tuscheln: Der Mann sei ja gar nicht richtig katholisch, er sei allenfalls ein »Schmalspurtheologe«, der sogar das heilige Sakrament der Ehe in Frage stelle und nicht bereit sei, Homosexuelle zu verurteilen. Einer der vielen bösen Vatikan-Witze über ihn geht so: »Hast Du auch alle Bücher des neuen Papstes gelesen? Da braucht man ja gar nicht viel Zeit.« Seine intellektuellen Kritiker übersehen eine Kleinigkeit: Auch Jesus war kein Theologieprofessor, zum Glück für die Menschheit hatte er nicht ein Semester Theologie studiert, er war ein bescheidener Gottsucher, ein großer Menschenfreund und ein sensibler Naturbeobachter, allenfalls ein »Schmalspurtheologe«. Jesus war eher Ökologe als Theologe. Deshalb in all seinen Gleichnissen die wunderbaren ökologischen Bilder von der Sonne, dem Sämann, dem Samen, den »Vögeln des Himmels« und den »Lilien des Feldes« und der »Saat, die hundertfache Frucht« bringt. Davon inspiriert, schrieb dieser Franziskus seine in der ganzen Welt beachtete Öko-Enzyklika »Laudato si«. Er tat dies im Geiste Jesu und orientiert an seinem Vorbild Franziskus von Assisi, über den die Schriftgelehrten seiner Zeit auch verzweifelten, weil der mit den Vögeln redete, von »Mutter Erde« und »Bruder Mond« sprach.

In »Laudato si« bezeichnet Franziskus die Klimafrage als die Überlebensfrage der Menschheit, das Klima sei ein gemeinsames Gut, das nur gemeinsam geschützt werden könne. Ohne mehr Klimaschutz würden in

Zukunft noch mehr Menschen als Flüchtlinge ihre Heimat verlassen müssen: »Der Klimawandel fördert Flüchtlingsströme.« Wie der Dalai Lama in vielen Interviews, so sieht auch der Papst die Lösung der »Wasserfrage« als Voraussetzung dafür an, dass Armut und Flucht wirksam bekämpft werden. Die UNO schätzt, dass schon bis 2050 etwa drei Milliarden Menschen keinen Zugang zu sauberem Trinkwasser haben werden. Dazu der Papst: »Ohne Wasser kein Leben.« Franziskus fordert eine »neue Wasserpolitik für die Armen«. Er beklagt den Verlust der biologischen Vielfalt als »Frevel an der Schöpfung«. Diese Hinweise könnten von Franz von Assisi stammen, aber formuliert hat sie Papst Franziskus 2015: »Möglicherweise beunruhigt es uns, vom Aussterben eines Säugetieres oder eines Vogels zu erfahren, weil sie uns mehr vor Augen sind. Doch für das gute Funktionieren des Ökosystems sind auch die Pilze, die Insekten, die Reptilien und die unzählige Vielfalt von Mikroorganismen notwendig.« Dieser Papst macht darauf aufmerksam, dass alles mit allem zusammenhängt. Er wirbt für eine rasche Energiewende und warnt vor weiteren »Kriegen um Öl«. Frieden durch die Sonne und die anderen erneuerbaren Energieträger seien die große Lösung. Die Schöpfungsgeschichte im Alten Testament sage uns: »Jeder ist gewollt. Jeder ist geliebt. Jeder ist gebraucht.« Erstmals postuliert ein Papst ein »Evangelium von der Schöpfung«. Die ökologische Krise sei von Menschen verursacht, also könne sie auch von Menschen gelöst werden.

Das heute weltweit vorherrschende Prinzip des Ego-
ismus könne nur durch ein »Prinzip des Gemeinwohls«
überwunden werden. Die Welt, so Franziskus, brauche
eine »neue Kultur der Liebe: zu uns selbst, zu anderen,
zu Tieren und Pflanzen, zur ganzen Schöpfung«. Das
bedeutet einen sensibleren Umgang mit dem Boden,
dem Wasser und der Luft. Schließlich fordert er eine
ökologische Spiritualität. Die neue Kombination von
Öko-Technik und Öko-Ethik könnte unsere Rettung
sein. In seinen beiden bisherigen Enzykliken verbindet
der Papst Ökologie und Ökonomie, die soziale Frage
mit der Ethik: »Wenn man schon in der eigenen Wirklichkeit den Wert eines Armen, eines menschlichen
Embryos, einer Person mit Behinderung nicht erkennt,
wird man schwerlich die Schreie der Natur selbst hören. Alles ist miteinander verbunden.«

Die Welt verdankt diesem Einwandererkind aus Argentinien, »vom Ende der Welt«, wie er selbst sagt, sehr
viel. Er macht uns reicher. Der Sonnenenergie-Gesang
des Wut-Bischofs von Rom gilt für die Regenwälder
am Amazonas, die Bauern in China, die Umweltakti-
visten in Europa und die Südsee-Insulaner. Aber was
machen deutsche christlich-demokratische Politiker
damit? Der Katholik und stellvertretende CDU-Frak-
tionsvorsitzende im niedersächsischen Landtag Dirk
Toepffer meinte in einem NDR-Interview: »Diese Enzyklika« sei halt sehr »lateinamerikanisch geprägt«, auf
das, was wir »hier im Wirtschaftsraum Europa erleben«, sei sie »nicht übertragbar«. So einfach kann man

die Probleme verdrängen und den Papst für dumm erklären. Natürlich gibt es in Deutschland für CDU-Kohlekatholiken überhaupt kein Klimaproblem.

Die vatikanische Gefangenschaft des Franziskus, der Hass, der ihn umgibt, und die Intrigen, die gegen ihn gesponnen werden, erinnern mich an die bedrohliche Lage des ersten frei gewählten Ministerpräsidenten der DDR, Lothar de Maizière. Ich produzierte noch in der alten DDR einen »Report«-Film über ihn, als er am 15. Dezember 1989 zum neuen CDU-Vorsitzenden in Ostberlin gewählt wurde. Zwei Tage später interviewte ich ihn in der CDU-Parteizentrale in Ostberlin. Wie geht es Ihnen im neuen Amt und in neuer Umgebung?, wollte ich wissen. Seine vielsagende Antwort: »Na ja! Ich habe hier jetzt 148 Mitarbeiter, 147 sind Stasi-Mitglieder. Das eine Nicht-Stasi-Mitglied ist meine Sekretärin.« So ähnlich einsam und verlassen dürfte sich an manchen Tagen Papst Franziskus im Vatikan fühlen.

Jesu schlichte Theologie lässt sich in dieser Erkenntnis zusammenfassen: Gott ist wie ein liebender Vater oder wie eine liebende Mutter, die für Euch sorgen. Über diese einfachen und für Jedermann verständlichen Jesus-Geschichten haben sich schon die damaligen Theologen und Schriftgelehrten so aufgeregt, dass sie glaubten, ihn beseitigen zu müssen. Und Kirchenbeamte haben geglaubt, ihn später ständig korrigieren zu müssen. Das habe ich in meinem Buch »Was Jesus wirklich gesagt hat« aufgezeigt.

Wenn Franziskus von der Kirche der Armen spricht und Sätze wie diese sagt: »Barmherzigkeit verändert alles«, dann können sich die heutigen Schriftgelehrten im Vatikan über solch jesuanische Naivität des Franziskus schlapp lachen. Auch dabei wird übersehen, dass das Wort »Herz« in »Barmherzigkeit« steckt. Jesus war ein Herzensmensch, sonst hätten wir ihn längst vergessen. Barmherzigkeit ist Warmherzigkeit. In dem Wort Barmherzigkeit steckt die gesamte jesuanische Botschaft. Das trifft Kardinäle und Bischöfe, die sich Jahrhunderte lang als Kirchenfürsten haben feiern lassen und noch heute wie Fürsten leben, existentiell. Der abgesetzte Bischof von Limburg ist dafür nur ein Beispiel. Für ihn und seine Gesinnungsfreunde ist Bergoglio ganz einfach der Feind. Das Jahr 2016 hat Franziskus zum »Jahr der Barmherzigkeit« erklärt. Auch darüber wird im Vatikan gelästert: »Der mit seinem Barmherzigkeitstick.«

Papst Franziskus wollte im Gegensatz zu seinen Vorgängern kein eigenes Esszimmer. Wenn er im vatikanischen Speisesaal wie alle zum Essenholen ansteht, ist er von Männern umgeben, die ihn zum großen Teil hassen. Früher haben hier überwiegend Europäer gegessen, jetzt hat Franziskus seine Bürokratie so umgebaut, dass sie halbwegs so international ist, wie die katholische Kirche sein sollte. Er hat ihnen allen öffentlich die Leviten gelesen und sie so gedemütigt, wie sie es nie zuvor in ihrer kirchlichen Karriere erlebt haben. Er hat ihnen Gehälter und Urlaub gekürzt. Und ihre fetten Dienstwagen gestrichen. Er will eine arme Kirche, aber sie hatten sich mit ihren Privilegien in einer reichen Kirche bequem eingerichtet. Dieser Papst war oft in lateinamerikanischen Slums bei den Ärmsten, die vatikanischen Kirchenfürsten aber haben noch nie einen Slum von innen gesehen. Ihnen ging es bisher sehr theoretisch um das »Seelenheil« ihrer Schäfchen, er aber interessiert sich auch dafür, wie Armut, Sklaverei und Ungerechtigkeit gegen Frauen entstehen und überwunden werden können. Auch deshalb nennen sie ihn hinter seinem Rücken, wie der Vatikan-Kenner Andreas Englisch schreibt, den »irren Gaucho« aus Argentinien: »Wer je Papst Franziskus und die Mitarbeiter der Kurie im Speisesaal erlebt hat, wird die Spannung dieser sich gegenseitig in offener Feindschaft gegenüberstehenden Gruppen nicht mehr in Zweifel ziehen können. Es ist eine Atmosphäre wie zwischen sich belauernden Wölfen. Und diese Atmosphäre zeigt vor allem eins: Papst Franziskus ist alles andere als naiv. Er weiß genau, dass ein harter Kampf unvermeidlich ist.«

Die Männer, denen er Macht, Reichtum, Luxusautos und Privilegien genommen hat, werden sich wehren. Franziskus aber weiß Jesus an seiner Seite, den Freund der Flüchtlinge und der Armen.

Die Kirche, sagt er, müsse auch eine Kirche der Anderen werden. Während seiner Lampedusa-Reise fragte dieser Papst so eindringlich wie undiplomatisch: »Wer ist der Verantwortliche für das Blut der Brüder und Schwestern? Niemand! Wir alle antworten so: Ich bin es nicht! Ich habe nichts damit zu tun.« Der Papst bat um Vergebung für alle, »die mit ihren Entscheidungen auf globaler Ebene Situationen geschaffen haben, die zu solchen Dramen führen«. Franziskus konfrontierte alle europäischen Politiker, auch Angela Merkel, mit der bohrenden Frage: Was tut ihr gegen Armut und Elend der Ärmsten? Kurz danach beschlossen die EU-Politiker, Schiffe zu schicken. Allen voran rettet die italienische Marine tausenden schiffbrüchigen Flüchtlingen das Leben. Sie hätte den Friedensnobelpreis für ihre beherzten Taten verdient. Franziskus versucht mit seinem Engagement ganz einfach, seinen Jesus »heutig« zu machen. Religion ist für ihn eine Frage der Tat, nicht der frommen Sprüche. Ein Papst, der seine Hände im Angesicht der Weltprobleme nicht in Unschuld wäscht.

Franziskus ist bescheiden. Er wirkt nicht wie ein Medienstar. Genau diese Bescheidenheit hat ihn aber dazu gemacht. Da geht es ihm wie seinem Bruder im Geiste, dem Dalai Lama. Beide charismatischen Religionsführer reden Klartext und sind immer für Überraschungen gut. »Ich stehe voll hinter der päpstlichen Öko-Enzyklika«, sagte mir der Dalai Lama.

Dieser Papst versteht sein Geschäft so: denen eine Stimme geben, die sonst keine haben. Das sind überall auf der Welt die Armen. Und Flüchtlinge gehören zu den Ärmsten der Armen. Im November 2014 sagt er den Europaabgeordneten in Straßburg direkt ins Gesicht, dass sie für den Massenmord im Mittelmeer verantwortlich sind. Er hat den Politikern aus ganz Europa gezeigt, dass seine Kirche endlich auf der richtigen Seite steht: bei den Schmuddelkindern. Dieser Klartext sprechende Papst macht viele Katholiken froh und beinahe stolz. Auch mich. Deshalb habe ich ihm mein letztes Jesus-Buch gewidmet.

Papst Franziskus ist der richtige Mann zu richtigen Zeit. Zu dieser Wahl kann man den Kardinälen nur gratulieren, obwohl viele von ihnen diese Wahl inzwischen als »Unfall« ansehen – da war einfach etwas schiefgelaufen. Manchmal wirkt der Heilige Geist sogar hinter den dicken Mauern des Vatikans. Vielleicht im Sinne dieses Witzes: Im Himmel ist eine Betriebsversammlung. Auf der Tagesordnung steht die Frage: Wo machen wir unsere nächste Betriebsversammlung? Ein Engel schlägt vor: »Lasst uns doch mal nach Lourdes gehen.« Daraufhin meldet sich Maria zu Wort und sagt: »Bitte nicht, dort kennt mich jeder und ich muss nur Autogramme geben.« Dann schlägt ein zweiter Engel vor: »Lasst uns doch mal nach Jerusalem fahren!« Dazu Jesus: »Bitte nicht, einmal Kreuzigung reicht mir.« Darauf schlägt ein dritter Engel vor: »Wir sollten mal in den Vatikan gehen.« Daraufhin meldet sich der Heilige Geist und meint: »Das ist ein sehr guter Vorschlag. Im Vatikan war ich noch nie.« Doch der heutige Papst beruft sich bei vielen seiner umstrittenen Entscheidungen auf den Heiligen Geist.

Dieser Franziskus ist auch nach innen mutig: Am 22. Dezember 2014 kommt es in seiner Weihnachtsansprache ganz anders als bei seinen Vorgängern. Er lässt eine

Bombe platzen, weil er sich vorgenommen hatte, die Krankheiten seiner wichtigsten Mitarbeiter beim Namen zu nennen: Den vor Schreck erstarrten Kardinälen wirft er als erster Papst der modernen Geschichte vor, Egozentriker, Karrieristen und gottlose Bürokraten zu sein. Er tadelt ihren jesusfremden Hochmut und unterstellt ihnen Habgier, Geltungssucht und »spirituellen Alzheimer«: »Es ist die Krankheit derer, die ein Doppelleben führen ... Die Krankheit des Geredes, des Gemunkels und des Tratsches ... Es ist die Krankheit der Feiglinge, die nicht den Mut besitzen, etwas unmittelbar anzusprechen, und daher hinter dem Rücken reden ...«

Das sind unerschrockene Worte der Wahrhaftigkeit, die – soweit bekannt – so noch nie ein Papst auszusprechen gewagt hat. Diese Worte erinnern an die Jesus-Worte an die Pharisäer, die er »Schlangenbrut und Natterngezücht« nannte.

Eine solch spektakuläre Kampfansage an die gesamte kirchliche Hierarchie in aller Öffentlichkeit ruft natürlich eine Welle der Ablehnung im eigenen Haus hervor. Schon kurz nach seiner Wahl düpierte er die komplette Kurie, als er sich weigerte, an einem mondänen Konzert zu seinen Ehren teilzunehmen. Ich schaue mir jetzt noch einmal die damaligen Fotos an: ein erhöhter weißer Sessel, reserviert für den Papst, mitten unter ganz wichtig dreinschauenden Kirchenfürsten mit ihren roten Mützchen. Der Sessel blieb leer. Mehr Distanz zu alter Pracht und verstaubtem Prunk geht nicht. Das Einwandererkind hält seinen Kurs der Bescheidenheit konsequent durch.

Warum ist dieser Papst so anders als die meisten seiner Vorgänger?

Am 11. August 1927 wollte die Familie Bergoglio mit dem Passagierschiff »Principessa Mafalda« ihre Ausreise von Genua nach Buenos Aires beginnen. Sie sah damals im armen Italien keine Perspektive für eine gute Zukunft. Doch die Großeltern des späteren Papstes konnten aus bürokratischen Gründen nicht an Bord – die notwendigen Ausreisepapiere kamen zu spät. Das war Glück. Denn der Dampfer sank am 25. Oktober 1927 vor der brasilianischen Küste. Von den über 1.000 Menschen an Bord kamen 325 ums Leben.

Die Überfahrt der Bergoglios verzögerte sich um 15 Monate. In den Dreißigern gab es dann auch in Argentinien eine Wirtschaftskrise. Der Familie ging es finanziell schlecht. Der Großvater des Papstes erwarb 1930 einen kleinen Lebensmittelladen. Der Vater von Franziskus, Mario Guiseppe Bergoglio, war damals 23 Jahre alt und fand als gelernter Buchhalter eine Anstellung. 1934 begegneten sich die Eltern des Papstes erstmals bei einem Gottesdienst und heirateten ein Jahr später.

Am 17. Dezember 1937 brachte Regina Maria Sivori ihren ersten Sohn zur Welt. Jorge Mario war das älteste von fünf Kindern. Heute lebt nur noch seine jüngste Schwester Maria Elena. Auch sie flog nicht nach Rom zur Amtseinführung ihres Bruders, aber sie telefonieren jeden Samstag. Bildung und Ausbildung sind gerade für Einwanderer und Flüchtlingskinder wichtig, betont der heutige Papst. Er begann mit

17 Jahren seine Ausbildung zum Chemietechniker an Vormittagen, am Nachmittag bis zum Abend besuchte er den Unterricht.

Mit zwölf Jahren hatte Jorge Mario seine erste Jugendliebe in der Nachbarschaft kennengelernt, erzählt die heute 78-jährige Amalia Journalisten in Buenos Aires nach der Papstwahl 2013. Ihr habe er in einem Brief geschrieben: »Wenn ich dich nicht heiraten kann, werde ich Priester.« Aber vorher lernte Jorge Mario als echter Argentinier noch gut und gerne Tango tanzen und wurde zum Fußballfan.

Franziskus ist aber nicht nur der Armutsapostel. In Buenos Aires managte er die größte Diözese der Welt und musste dabei auch mit einem Bankenskandal aufräumen. Genau das muss er jetzt auch im Vatikan tun. Deshalb hat er dort nicht nur Freunde. »Reform«, sagt dieser Papst, »erfordert einen Wandel der Herzen und Hirne.« Er weiß, dass auch eine arme Kirche Geld braucht, aber er will nur sauberes. Vatikan-Journalisten sprechen von einer anstehenden »Revolution« und von »Krieg« im Vatikan. Manche fürchten um das Leben dieses Einwandererkindes und fragen: »Wie wird es diesem Papst ergehen, der seiner Kirchenregierung offen den Krieg erklärt? Der frühere Kardinal von Buenos Aires hat sich nie eine Chance ausgerechnet, Papst zu werden. Genau diese Chance aber nutzt er jetzt. Jahrhunderte lang wurden Söhne der einflussreichsten italienischen Familien zu Päpsten gewählt. Die Colonna, die Borghese, die Pacelli.

Bergoglio ist ein Außenseiter, Sohn eines Eisenbahners. Aber genau diesen wollten die Kardinäle im März 2013. Nun haben sie ihn. Ein Jesuit, abgeschoben als Beichtvater in ein Heim in Argentiniens Hauptstadt. Der neue, ganz andere Papst ist ein Jesus-Nachfolger. Sein Biograf, der deutsche Journalist Andreas Englisch, schreibt: »Er war ein Mann, der nach vatikanischen Maßstäben eine absolute Null war. Dass dieser Pater es schaffen könnte, in die engere Wahl für das Amt des nächsten Papstes zu gelangen, schien unmöglich. Das war nicht vorgesehen.« Wussten seine Wähler, wie viele Erniedrigungen und Beleidigungen zuvor aus dem Vatikan auf diesen argentinischen Bischof »vom Ende der Welt« herablassend niedergegangen waren? Englisch schreibt, dass »kein anderer Bischof auf der Welt so viel Ärger mit der Kurie gehabt hatte«. Er war mit einem zerschlissenen Koffer aus Lateinamerika nach Rom zur Papstwahl angereist. Er hatte keinen einzigen Freund unter den vielen eleganten, altgedienten Herren im Vatikan. Wie soll ein Vertreter der armen Kirche in Lateinamerika, der im Ruf steht, ein Kommunist zu sein, römischer Papst werden? Einer, der sagt, die Armen liegen ihm am Herzen, weil sie Jesus am Herzen lagen. Und der sich ständig auf den armen Rabbi aus Nazareth beruft. Was hat ein Protz-Palast in Rom noch mit dem Jesus der Armen zu tun?

In seiner ersten Enzyklika »Evangelii Gaudium« schreibt er dann auch unmissverständlich: »Heute und immer gilt: Die Armen sind die ersten Adressaten des Evangeliums. Ohne Umschweife ist zu sagen, dass ein untrennbares Band zwischen unserem Glauben und den Armen besteht.« Wer die real existierenden Ungerechtigkeiten auf unserer Welt und den real existierenden Kapitalismus so scharf kritisiert wie dieser Papst (»Diese Wirtschaft tötet«), wird wissen, dass er gefährlich lebt. Alteingessene Kirchenfürsten müssen zittern, weil ein neuer Wind durch die alten Gemäuer weht. Manche nennen diesen neuen Wind auch den Heiligen Geist.

Dieser Mann lebt als Papst tatsächlich gefährlich, weil er das Evangelium liebt und keine Angst hat. Tugenden, die ein Einwandererkind und einen Außenseiter stark machen. Schon als Bischof von Buenos Aires hat Jorge Mario Bergoglio gegen die Spätfolgen des Kolonialismus gekämpft, die er verantwortlich machte für die Verarmung seines Heimatkontinents. Diese Erfahrung prägt ihn bis heute. Schon seit 30 Jahren warnt der heutige Papst vor der »Arroganz der Kirche«.

Sein Vorgänger, Benedikt XVI., hat andere Religionen und Konfessionen im Gegensatz zu seiner »einen, heiligen und katholischen Kirche« nie für wirkliche Kirchen gehalten. Doch Franziskus geht am 30. November 2015 in einen der größten Slums in Afrika, in das gefährliche Stadtviertel PK5 in Zentralafrikas Hauptstadt Bangui, das immer wieder von blutiger Gewalt zwischen Christen und Muslimen erschüttert wird, und ruft in einer Moschee Christen und Muslime zu »Einheit und Frieden« auf. Seine Ansprache begann er so: »Wir Christen und Muslime sind Brüder und Schwestern.« Alle Menschen, die »behaupten, an

Gott zu glauben, müssen sich wie Männer und Frauen des Friedens verhalten. Zusammen müssen wir Nein sagen zu Hass, Rache und Gewalt, besonders zu jener, die im Namen einer Religion oder im Namen Gottes verübt wird.« Franziskus wurde von den Bewohnern des Slums begeistert empfangen und gefeiert.

Zuvor hatte er den Bewohnern des größten afrikanischen Slums in Nairobi, Kangemi, gesagt: »Ich fühle mich bei euch wie zu Hause.« Und er fügte hinzu: »Der Weg Jesu begann in den Randgebieten, er geht aus von den Armen und geht mit den Armen zu allen.«

Der Dalai Lama – Flüchtling vom Dach der Welt

Er wurde am 6. Juli 1935 im osttibetischen Dorf Takster als Lhamo Dhondrup geboren, ist heute der 14. Dalai Lama und musste mit 24 Jahren nach Nord-Indien fliehen.

»Am 17. März 1959 floh ich aus Tibet. Seither lebe ich in Indien im Exil«, so beginnt der Dalai Lama seine Autobiografie. Wenige Zeilen später schreibt er einen Satz, den sicher schon Millionen Flüchtlinge so ähnlich gesagt oder gefühlt haben: »Ich bin jetzt wirklich glücklich, aber das Leben, das ich führe, ist zwangsläufig sehr anders als das, wozu ich erzogen wurde. Es ist natürlich sinnlos, in nostalgischen Ge-

fühlen zu schwelgen, trotzdem macht es mich trau-
rig, wenn ich an die Vergangenheit denke, weil ich
dabei an das schreckliche Leid denken muss, das
meinem Volk widerfuhr. Das alte Tibet war sicher-
lich nicht vollkommen. Dennoch kann man sagen,
dass wir eine recht bemerkenswerte Lebensweise hat-
ten, von der vieles wert gewesen wäre, bewahrt zu
werden, was nun endgültig verloren ist.«

Einer der im doppelten Sinn ältesten Flüchtlinge der
Welt – er ist seit 56 Jahren im Exil und inzwischen 80
Jahre alt – ist heute bei allen Umfragen weltweit der
»sympathischste Mensch unserer Zeit«. Aber kaum
jemand denkt daran, dass dieser glückliche und sym-
pathische Mönch weit mehr als zwei Drittel seines Lebens im Exil verbracht hat.

1949 hatte die kommunistische Partei Chinas den
Bürgerkrieg gegen die chinesischen Nationalisten ge-
wonnen und kurz danach auch Tibet besetzt, das bis
dahin ein eigenständiges souveränes Land gewesen
war. Doch die Tibeter waren zu schwach, um sich gegen das Riesenreich China mit seiner großen Armee
erfolgreich militärisch zu wehren. Vereinzelte Auf-
stände wurden niedergeschlagen. Der Dalai Lama traf
Mao Zedong etwa ein Dutzend Mal. Seine Persönlich-
keit beeindruckte ihn, bis er spürte, dass der »Große
Führer« seine Versprechen gegenüber Tibet nicht hielt.

Der große Freiheitskämpfer aus Tibet erhielt 1959
den Friedensnobelpreis. Er hatte meine Frau und mich

zur Feierstunde in Oslo eingeladen. Ohne Wenn und Aber vertrat er auch dabei seine Politik der Gewaltfreiheit. In der Begründung für diesen Preis heißt es: »Er hat seine Friedensphilosophie auf der Grundlage von großer Ehrfurcht vor allen Lebewesen und der Vorstellung einer universellen Verantwortung, die sowohl die gesamte Menschheit als auch die Natur umfasst, entwickelt.« Später sagt er mir in einem Interview für die ARD: »Zum Überleben der Menschheit ist das Bewusstsein des Gemeinsamen wichtiger als das ständige Hervorheben des Trennenden.«

Warum ist der Dalai Lama 1959 aus Tibet geflohen? Seine Fluchtgründe haben mit seiner Vorstellung der Gewaltfreiheit zu tun. In seinem Buch »Meine spirituelle Autobiografie« schreibt er dazu:

>*»Als am 10. März 1959 die in der Umgebung von Lhasa stationierte chinesische Armee ihre Kanonen auf die Residenz des Dalai Lama richtete, versammelten sich die Tibeter spontan zu Tausenden und bildeten eine Menschenkette. Die Menge zerstreute sich auch nicht während der folgenden Tage, und als am 17. März die chinesische Armee mit der Erstürmung begann, waren die Frauen und Männer, die Alten und die Kinder bereit, ihr Leben für den Dalai Lama zu opfern. Drei Tage und drei Nächte dauerte die Niederschlagung des Aufstands von Lhasa im Jahr 1959. Bei Straßenschlachten standen einander zwanzigtausend Tibeter und vierzigtausend chinesische Soldaten gegenüber.*

Überlebende erzählen, dass Lhasa von den Grana-
ten und Maschinengewehrschüssen schwer verwüstet
wurde und dass in seinen engen Gassen buchstäblich
das Blut floss, wobei Leichen von Menschen, Hunden
und Pferden jedem, der durch die Stadt musste, den
Weg versperrten ... Es gab ungefähr zehntausend Tote
und viertausend verletzte Demonstranten.«

Am Vorabend dieses Massakers floh der Dalai Lama,
als Soldat verkleidet, unter dem Schutz der für die Freiheit Kämpfenden. Er hatte sich auf den Weg ins Exil
Richtung Indien gemacht – mit der Hoffnung, seine
Abreise könnte ein Massaker an seinen Anhängern
verhindern. Diese Hoffnung trog.

Die dramatischen Momente seiner Flucht beschreibt er so:

»Im Fortgehen gab ich noch Anweisungen, im gan-
zen Gebäude die Beleuchtung zu dämpfen. Dann
ging ich in das untere Geschoss, wo einer meiner
Hunde war. Ich streichelte ihn und war froh, dass er
nie besonders anhänglich gewesen war. So fiel mir
der Abschied leichter. Viel trauriger stimmte es mich,
alle meine Diener und Leibwächter zurücklassen
zu müssen. Dann trat ich in die kalte Märzluft hi-
naus ... In ungewohnten Hosen und mit einem lan-
gen schwarzen Mantel verkleidet, hängte ich mir
kurz vor zehn Uhr ein Gewehr über meine rechte
Schulter und ein altes Thanka, das dem III. Dalai
Lama gehört hatte, über die linke ... Ich hatte große

Angst. Zwei Soldaten begleiteten mich schweigend ... Als ich im Dunkeln weiterstolperte, fühlte ich die Anwesenheit einer großen Menschenmenge, die uns aber keine große Beachtung schenkte, und schon nach wenigen Minuten waren wir wieder allein ... Jetzt mussten wir nur noch mit den Chinesen fertigwerden. Der Gedanke, gefangen genommen zu werden, ängstigte mich. Zum ersten Mal in meinem Leben hatte ich wirklich Angst, weniger um mich als um die Millionen von Menschen, die ihren ganzen Glauben in mich gesetzt hatten. Wenn man mich gefangen nehmen würde, wäre alles verloren.«

In Indien haben den Flüchtling aus Tibet Tausende mit dem Ruf »Dalai Lama Ki Jai – Dalai Lama Zindabad – Es lebe der Dalai Lama! Lang lebe der Dalai Lama!« begrüßt. Indische Willkommenskultur für den religiösen Führer und tausende tibetische Flüchtlinge. Heute leben über 100.000 tibetische Flüchtlinge im südlichen Nachbarland. Der Dalai Lama schreibt über seine Flucht und die erste Zeit danach: »Die ganze Reise war wie ein Traum. Wenn ich mich daran erinnere, bin ich dem indischen Volk unendlich dankbar dafür, dass es mich in diesem Moment meines Lebens so wohlwollend empfangen hat.«

Die chinesische Nachrichtenagentur Xinhua schildert die spektakuläre Flucht das Dalai Lama ganz anders: Die Erklärung des Dalai Lama über seine Flucht sei eine »plumpe Fälschung und eine unlogische Darstellung, gespickt mit Lügen … Rebellen in Lhasa« hätten ihn entführt – »im Dienst imperialistischer Angreifer«. Die Wahrheit ist, dass sich das tibetische Volk, das China angeblich befreien wollte, gegen seine Besatzer erhoben hatte. Seither hat sich die wirtschaftliche Lage in Tibet zwar verbessert, aber die politische Situation hat sich für die Tibeter ständig verschlechtert. Menschenrechtsverletzungen sind in Tibet wie im übrigen China an der Tagesordnung.

Als Mao 1959 erfahren hat, dass dem Dalai Lama die Flucht nach Indien gelungen war, soll er ausgerufen haben: »Wir haben den Krieg verloren.« Mao ließ die führende tibetische Klasse töten, viele Lamas verhaften, die Klöster plündern und Oppositionelle ins Gefängnis werfen – nicht nur in Tibet, sondern in seinem gesamten Riesenreich. Tibetische Flüchtlinge erzählten später in unsere Fernsehkamera, dass Menschen bei lebendigem Leib verbrannt wurden, ertränkt, erwürgt, zerstückelt und enthauptet. Während der Jahre der »Kulturrevolution« wurden in Tibet beinahe 6.000 Klöster zerstört. Im Zuge der Ein-Kind-Politik gab es tausende Zwangsabtreibungen und Zwangstötungen von Neugeborenen. Die entsprechenden Kliniken nannten Flüchtlinge vor unserer Kamera »Schlachthöfe«. Zwischen 2010 und 2015 haben sich 145 Tibeter – meist Mönche – aus Protest gegen die chinesische Unterdrückung und Menschenrechtsverletzungen auf dem Dach der Welt selbst verbrannt. Der Dalai Lama nennt die Politik Chinas in Tibet »einen kulturellen Völkermord«, dem in den letzten Jahrzehnten über eine Million Menschen zum Opfer gefallen seien. Chinas Medien nennen diese Behauptung »die Lügen der Dalai Lama-Bande«.

Im September 2015 lobt der Dalai Lama die Regierungen in Berlin und Wien für ihre humane Flüchtlingspolitik. In London wird er gefragt, ob er sich den neuen Flüchtlingen, die jetzt zu Tausenden nach Westeuropa strömen, verbunden fühle. Seine Antwort:

> »Aber sicher. Wenn ich neuen Flüchtlingen begegne, erwähne ich immer, dass ich schon sehr lange Flüchtling bin! Es ist aus verschiedenen Gründen ein von Menschen geschaffenes Problem. Früher, aus überwiegend politischen Gründen – hatten verschiedene Nationen eine negative Einstellung zu einander und sehr viele wurden zu Flüchtlingen. Heute kommen diese Flüchtlinge auch aus religiösen Gründen. Morde wegen unterschiedlicher Glaubensrichtungen. Das ist leider eine Realität und ein Missbrauch von Religion. Alle religiösen Traditionen sprechen von Mitgefühl, Liebe, Vergebung, Toleranz. Inzwischen säen diese religiösen Richtungen Zwietracht und die Menschen bringen sich gegenseitig um. Schrecklich.«

Wie kommt es, fragt ein Reporter der BBC, dass alle Religionen Frieden predigen und dennoch für Kriege und Hass benutzt werden können?

> »Das liegt nicht an den Religionen, sondern an einzelnen Menschen. Ich erwarte, dass wir endlich lernen,

in religiöser Harmonie miteinander zu leben. Denken
Sie an meine Wahlheimat Indien. Dort klappt das im
Großen und Ganzen recht gut. Da stehen Hindutem-
pel und Buddha-Heiligtümer und christliche Kirchen
nebeneinander. Diese Toleranz hat uns in Indien Ma-
hatma Gandhi vorgelebt. Er ist auch mein persönli-
ches Vorbild. Religiöse Harmonie ist möglich.«

Sie sagten, man könne nicht von Europa erwarten, alle
Flüchtlinge aufzunehmen, und dass die Probleme in
den Ländern, aus denen die Menschen fliehen, gelöst
werden müssten. Wie aber ist das möglich ohne mili-
tärische Intervention?

»Das erscheint derzeit unmöglich. Ein rascher hun-
dertprozentiger Wandel ist unmöglich. Wandel ge-
schieht allmählich. Wir müssen mit optimistischer
Einstellung an die Arbeit gehen. Im Augenblick be-
trachten zwei Gruppen sich gegenseitig als Feind,
ohne jede Vorstellung von Versöhnung. Aber unter-
nehmt den Versuch. Versucht, miteinander zu spre-
chen. Geht auf einander zu. Auf neun Fehlschläge
folgen neun neue Bemühungen.«

Die Flüchtlingspolitik von Angela Merkel nennt der
Dalai Lama »wunderbar« und sagt im »Center for
Compassion« in London:

»Nicht alle Menschen außerhalb Europas können
nach Europa kommen. Die Lösung kann nur heißen:
Echte Entwicklung, vertiefter Dialog, viele persönli-

che Begegnungen, echte Ausbildung, echter Frieden
in den muslimischen Ländern. Das erreichen wir nur
über eine Politik der Gewaltfreiheit.«

Was meint der prominente Flüchtling aus Tibet mit
seiner These »Ethik ist wichtiger als Religion«? Das
haben so in der gesamten Religionsgeschichte noch
nie ein Papst, Patriarch, Dalai Lama, Bischof oder füh-
render Hindu-Priester gesagt. Der Tibeter ist natürlich nicht gegen Religion, wohl aber gegen deren Miss-
brauch für politische Machtspielchen, die es überall in
der Welt und in allen Religionen gibt:

»Wir kommen ja nicht als Mitglieder einer bestimm-
ten Religion auf die Welt. Zu religiösen Menschen
werden wir von unserer Umwelt gemacht und erzo-
gen. Aber Ethik ist uns angeboren. Deshalb ist in einer
bestimmten Altersstufe für Kinder und Jugendliche
Ethikunterricht wichtiger als Religionsunterricht.«

Diese säkulare Ethik sprengt nationale, kulturelle und
konfessionelle Grenzen und skizziert Werte, die allen
Menschen angeboren und allgemein verbindlich sind.
Das sind nicht materielle, äußere Werte, sondern geis-
tige, innere Werte wie Achtsamkeit, Toleranz, Mitgefühl sowie ein verantwortungsvoller Umgang mit Geld,
Macht und Wissen. Der 14. Dalai Lama ist ein Freigeist
und ein pazifistischer Revolutionär:

»Diese Prinzipien sind universal und werden von
Gläubigen und Nichtgläubigen sowie von Anhängern

*dieser oder jener Religion hochgehalten. Die Welt, in
der wir leben, ist eine Welt. Die moderne Wissenschaft,
die elektronischen Medien, der internationale Touris-
mus und die Umweltproblematik – all das erinnert
uns täglich daran, wie sehr in der heutigen Welt alles miteinander verflochten ist. Die wissenschaftliche
Community spielt eine Schlüsselrolle in dieser klein
gewordenen Welt. Die Wissenschaft genießt heute ein
viel höheres Ansehen in der Gesellschaft als meine eigene Disziplin, die Philosophie und Religion. Ich rufe
deshalb alle Forscher auf, die Werte, die sich aus den
grundlegenden ethischen Prinzipien ergeben und die
uns allen gemein sind, in ihrem beruflichen Umfeld
auch wirklich anzuwenden.«*

Die Erkenntnis, dass Ethik wichtiger ist als Religion,
wuchs im Dalai Lama im Lauf der Jahre immer mehr.
Immer deutlicher sagt er das in seinen Reden und Interviews auf der ganzen Welt:

*»Erst wenn Religionen aufhören, sich selbst als ein-
zige Wahrheit darzustellen, werden sie die Chance
zu einem friedlichen Miteinander ermöglichen. Wir
alle sind gemeinsamen Ursprungs und werden zu
diesem Ursprung auch wieder zurückkehren. Wir
können paradiesische Zustände schaffen, wenn wir
verstehen, was Hans Küng so formulierte: Kein Welt-
frieden ohne Religionsfrieden. Wir alle haben einen
gemeinsamen Vater und eine gemeinsame Mutter:
Unseren Vater im Himmel und unsere Mutter Erde.«*

Gegenüber der Deutschen Welle sagt der Dalai Lama nach den Terroranschlägen in Paris:

»Wir können das Problem nicht nur mit Gebeten lösen. Ich bin Buddhist und ich glaube an Gebete. Aber Menschen haben das Problem gemacht und jetzt bitten wir Gott, es zu lösen. Das ist unlogisch. Gott würde sagen, löst es selbst, denn ihr habt es geschaffen.«

Ich möchte hier in gebotener Kürze einige zentrale Aussagen des Dalai Lama in seinen öffentlichen Auftritten, seinen Büchern und über 30 Interviews, die ich mit ihm führen durfte, gerafft vorstellen, um zu verdeutlichen, was wir dem prominentesten Flüchtling unserer Zeit geistig zu verdanken haben:

- *Wir sind uns alle ähnlich*

- *Man kann ohne Religion, aber nicht ohne Spiritualität leben*

- *Ethik ist wichtiger als Religion*

- *Zum Überleben der Menschheit ist das Bewusstsein des Gemeinsamen wichtiger als das ständige Hervorheben des Trennenden*

- *Es ist Zeit, in den Begriffen des Menschlichen zu denken und nicht weiter in den Grenzen der alten Konfessionen*

- *Herzensbildung ist die Bedingung zum Überleben*

- *Ich liebe das Bild des Schwertes, das in Pflugscharen verwandelt wird*

- *Wahres Mitgefühl ist universell*

- *Mitgefühl ist mein Weg zum Glück*

- *Als Dalai Lama bin ich berufen, anderen zu dienen*

- *Das tibetische Volk wird entscheiden, ob es einen nächsten Dalai Lama will oder nicht*

- *Krieg ist ein Anachronismus*

- *Jeder muss seinen Teil der Verantwortung für das Ganze übernehmen*

- *Jeder hat eine ökologische Verantwortung*

- *Als Buddhisten bringen wir allen fühlenden Wesen Mitgefühl entgegen*

- *Die tibetischen Berge ähneln heute kahlgeschorenen Mönchsschädeln*

- *Wir haben nur einen Planeten*

- *Ich bitte die Welt, nicht zu vergessen, dass in Tibet ein kultureller Völkermord geschieht*

- *Tibet kann ein friedliches und umweltfreundliches Paradies werden, eine Friedenszone zwischen den beiden Atommächten China und Indien*

- *Meine Waffen sind Wahrheit, Mut und Entschlossenheit*

- *Ein sinnvolles Leben ist möglich, wenn wir lernen, mit dem Herzen zu denken*

- *Chinesen sind meine spirituellen Brüder und Schwestern. Selbstverständlich bete ich auch für die kommunistischen Führer in Peking*

- *Ich kenne keine Feinde, es gibt nur Menschen, die ich noch nicht kenngelernt habe*

- *Von seinen Feinden kann man am meisten lernen*

- *Ich setze alle meine Hoffnungen auf die Menschlichkeit*

- *Wenn Sie überzeugt sind, wiedergeboren zu werden, dann ist es Ihre Pflicht, gewisse Dinge zu schützen, damit Ihre Inkarnation in der Zukunft davon profitieren kann.*

Nelson Mandela sagt über den Dalai Lama: »Er engagiert sich für die Werte, die jeder anständige Mensch bejaht. Er setzt sich ein für Frieden, Gerechtigkeit und für alles, was das Leben lebenswert macht.« Er lehrt, dass alles eins ist und alles im Geist seinen Ursprung hat. Geist kennt keine Unterscheidungen. Alle Dinge sind das, was sie sind – eine Einheit. Lasst uns lernen, mehr auf diese Einheit zu vertrauen als auf das Trennende. Das ist die Botschaft des Vertrauens des Dalai Lama an unsere kranke Welt von heute. Ein solches Vertrauen kann das Leben auf dieser Erde retten. Diese Einheit allen Lebens lehrten schon Pythagoras, aber auch Buddha und später Jesus. Diese Einheit ist ein anderes Wort für die nie genug zu preisende Liebe. Schon vor 2.600 Jahren war im »Pythagoras-Evangelium« die Erkenntnis gereift, dass es zur Rettung der Menschheit einer »universalen Freundschaft aller mit allen« bedarf. Genauso sieht es der Dalai Lama, der in jedem Land seine Ansprachen mit der Anrede »Liebe Brüder und Schwestern« beginnt.

Ohne diesen Flüchtling und seine glaubwürdige Botschaft des Vertrauens und der Liebe, der Achtsamkeit und der Harmonie wäre unsere Welt ärmer.

Steve Jobs – das zur Adoption freigegebene Kind eines Syrers

Er hieß Steve Jobs, sein Vater war ein bettelarmer Student aus Syrien und aus der früheren Sowjetunion in die USA eingewandert. Das Kind eines Flüchtlings wurde in Kalifornien von der Familie Jobs adoptiert, weil Steves Vater nicht für seinen Unterhalt aufkommen konnte. Steve gründete später – in seiner Garage natürlich – die künftige Weltfirma Apple, schuf bis zu 50.000 Arbeitsplätze und wurde einer der erfolgreichsten und ideenreichsten Männer der Welt: der Gigant mit dem Apfel. Dieser Steve Jobs stand zu seinen Lebzeiten auf Platz elf der weltweit reichsten Männer. 60 Prozent seiner Mitarbeiter kommen aus dem Land der ehemaligen Einwandererfamilie. Vielfalt und Offenheit zahlen sich aus.

Doch zunächst eine andere typisch amerikanische Erfolgsgeschichte: 1979 verließ das Mathematiker-Ehepaar Eugenia und Michael Brin die frühere Sowjetunion und emigrierte in die USA. Als Juden war damals in Moskau ihre akademische Karriere gefährdet. Sie waren nicht in ihrer Existenz bedroht, sondern – so würden wir heute in Deutschland sagen – Wirtschaftsflüchtlinge. Sie gingen in den USA auf die Suche nach einem besseren Leben – so wie heute viele Afrikaner nach Europa und besonders nach Deutschland.

Sergey Michailowitsch, der Sohn der Brins, war damals fünf Jahre alt, entwickelte später die Suchmaschine Google und ist heute ebenfalls einer der reichsten Männer der Welt und beschäftigt weitere 50.000 Menschen. Seine Firma steht auf Platz drei der wertvollsten Unternehmen in den USA.

Steve Jobs und Sergey Brin sind keine Einzelfälle. Der Migrationsforscher Khalid Koser nennt in seinem Buch »Internationale Migration« weitere wirtschaftlich sehr erfolgreiche Einwanderer, die wesentlich zum Wirtschaftswachstum und für Innovationen in ihrem neuen Heimatland beigetragen haben: »Es sind Menschen, die bereit sind, das Risiko auf sich zu nehmen, die Heimat zu verlassen, um für sich und ihre Familien neue Möglichkeiten zu erschließen. So ist beispielsweise die Geschichte des Wirtschaftswachstums in den USA in vieler Hinsicht die Geschichte von Migranten: Andrew Carnegie (Stahl), Adolphus Busch (Bier), Samuel Goldwyn (Film) und Helena Rubinstein (Kosmetika) waren Immigranten, und auch Kodak, Atlantic Recorda, RCA, NBC, Google, Intel, Hotmail, Sun Microsoft, Yahoo und ebay wurden von Immigranten gegründet oder mitgegründet.«

In unserer Zeit gibt es auf der Welt mehr Migranten als je zuvor. Armut und Massenarbeitslosigkeit, Kriege und Bürgerkriege, aber auch – wie eben an eindrucksvollen Beispielen aufgezeigt – Unternehmensgeist sind die wesentlichen Migrationsursachen. In diesem Buch zeige ich neben den wesentlichen Migrationsursachen auch die Probleme und Hintergründe der Migration auf, ebenso auch Vorurteile und Mythen gegenüber Migranten. Konkrete Beispiele sollen Probleme und Chancen, vielleicht sogar Jahrhundertchancen für den Wert von Volkswirtschaften und Kulturen würdigen.

»Kinder statt Inder« – es ist gerade einmal 15 Jahre her, dass ein deutscher Politiker mit diesem Slogan Wahlkampf machte. Deutschland fehlten um die Jahrhundertwende in der Boom-Zeit der New Economy zehntausende Computer-Experten, und Politiker hatten geglaubt, sie müssten nur rufen und Inder kämen per Greencard massenhaft hierher. Aber der nordrheinwestfälische CDU-Ministerpräsident-Kandidat

Jürgen Rüttgers antwortete mit dem famosen Slogan »Kinder statt Inder«. Das Ergebnis: Es kamen weder Inder noch bekamen die Deutschen mehr Kinder. Das war auch kein Wunder, denn die herbeigeflehten Inder hätten nach fünf Jahren das Land wieder verlassen sollen. Eine unfassbare Zumutung.

Angela Merkel will es diesmal besser machen und heißt die Flüchtlinge willkommen. Das ist aus menschlichen und ökonomischen Gründen klüger. Deutschland bekommt durch viele junge Ausländer eine Jahrhundertchance, wenn es gelingt, aus der Willkommenskultur eine Willkommensstruktur zu schaffen.

Die Geschäftsführerin der Wirtschaftsprüfungsgesellschaft Ernst & Young, Ana-Cristina Grohnert: »Dass Vielfalt gewinnbringend ist, lässt sich auf der Ebene eines einzelnen Unternehmens mittlerweile mit harten Fakten belegen. Das beginnt schon bei der Personalbeschaffung: Wer unabhängig von Herkunft, Geschlecht und anderen Ausgrenzungskriterien rekrutiert, der weitet seinen Talentpool aus, verkürzt die Zeit für Stellenbesetzungen deutlich und verdient schneller Geld. Für vielfältig zusammengesetzte Teams lässt sich nachweisen, dass diese mit 45 Prozent höherer Wahrscheinlichkeit in der Lage sind, Marktanteile gegenüber den Wettbewerbern auszubauen. Spezielle Untersuchungen bei mittelständischen Unternehmen haben gezeigt, dass diejenigen mit höherer ethnischer Vielfalt im Vergleich zu anderen mehr Kunden und Aufträge gewinnen können.«

Während ich dieses Buch schreibe, kommt in Deutschland ein neuer Film über Steve Jobs in die Kinos und die deutsche Übersetzung einer neuen Biografie in die Buchhandlungen. Ein Dokumentarfilm läuft in amerikanischen Kinos. Steve Jobs, das Flüchtlingswunderkind, das 2011 starb, lebt. Der Apple-Chef war einer der bekanntesten und wegweisendsten Unternehmer der Computerbranche.

Die USA sind seit Jahrzehnten das Traumland vieler Einwanderer – das gilt auch für viele Wissenschaftler aus Deutschland, auch für US-Nobelpreisträger, die aus Deutschland in die USA ausgewandert sind, weil ihnen ihre ursprüngliche Heimat geistig zu eng geworden war. Die USA hatten lange vor Deutschland eine offene Willkommenskultur. Die Vorteile von Multikulti-Teams: schnellere Erschließung neuer Märkte durch mehr Erfahrung von vielfältig zusammengestellten Teams. Mehr Motivation, stärkere Kreativität und effizientere Innovationsfähigkeit sind weitere Vorteile, schreibt Ana-Cristina Grohnert. Umgekehrt gilt aber auch: weniger Ablehnung gegenüber Minderheiten und ein besseres öffentliches Image.

Die Zuwanderung bringt positive Auswirkungen auf die Altersstruktur der westlichen Gesellschaften. Bei uns ist ein Drittel der Beschäftigten über 50 Jahre alt. Der Altersdurchschnitt der Zuwanderer liegt bei 30 Jahren. Eine Exportnation wie Deutschland lebt von möglichst vielen persönlichen Kontakten in möglichst vielen Ländern.

Wenn die Vorteile der Migration eindeutig überwiegen – warum dann noch so viele und wuchtige Vorurteile? Überwiegend deshalb, weil wir spüren, dass wir uns in einer sich rasch ändernden und sich globalisierenden Welt selbst ändern müssen. Die meisten Deutschen aber sind satt, zufrieden und wenig änderungswillig. Grohnert: »Wo keine Vielfalt herrscht, gibt es keine Veränderung, und wo es keine Veränderung gibt, da beginnt der Niedergang. Die Vielfalt ermöglicht es uns, flexibler auf neue Herausforderungen zu reagieren und uns leichter an veränderte Rahmenbedingungen anzupassen. Indem wir gezwungen sind, uns mit diesen Menschen auseinanderzusetzen, revitalisieren wir uns selbst. Wir haben dabei auch die Gelegenheit, einen Berg unnützer Vorurteile zu entsorgen, wie die haltlose Befürchtung vor einer vermeintlichen »Islamisierung«.

Wir erleben eine Völkerwanderung von historischem Ausmaß. Wenn wir die aktuelle Flüchtlingskrise meistern wollen, dann müssen wir uns grundlegend ändern und aus alten Fehlern lernen. Ein entscheidender Fehler war, dass wir die kommende Massenauswanderung lange verdrängt haben. Wir ließen Länder wie den Libanon, Jordanien oder auch die Türkei mit Millionen Flüchtlingen allein. Aber alles, was wir verdrängen, holt uns irgendwann ein. Nur wenn wir aus unseren bisherigen Fehlern lernen, können wir morgen sagen: »Wir haben es geschafft.« Wir werden zum Beispiel lernen müssen, dass Minijobs besser sind als gar keine Arbeit. Zumindest vorübergehend sollten wir

die Eintrittsschwellen in den Arbeitsmarkt herunter-
setzen. Mehr Flexibilität bei zeitlich begrenzten Ar-
beitsverhältnissen wäre hilfreich. Andernfalls werden
hundertausende junge Flüchtlinge in Lagern und Hallen zum Nichtstun verdammt. In den USA dürfen Migranten schon bald nach ihrer Ankunft eine Beschäf-
tigung annehmen. Nur so kann Integration gelingen.
Tom Enders, Vorstandsvorsitzender des europäischen
Luft- und Raumfahrtkonzerns Airbus, hat diese Formel
für eine gelingende Integration vorgeschlagen: »Keine
Integration ohne Arbeit, keine Arbeit ohne Bildung.«

Wie wichtig und hilfreich diese Formel sein kann,
zeigt ein Blick auf zwei Zahlen: 2014 blieben in Deutschland 600.000 Lehrstellen unbesetzt – die Hälfte aller
Flüchtlinge heute ist unter 30 Jahre alt. Welch eine
Chance für beide Seiten! Bisher aber sind die jungen
Flüchtlinge auf Sozialhilfe angewiesen und zum Nichtstun verdammt. Die Probleme, die wir heute nicht lösen,
werden uns morgen einholen. So war das bisher immer.
Vogel Strauß hat noch nie geholfen. Wir werden »es«
schaffen, wenn wir heute die Weichen richtig stellen und
Integration so rasch wie möglich organisieren.

Der Sohn eines armen syrischen Einwanderers,
Steve Jobs, hatte in den USA bei Null begonnen, aber
er hatte gute Geschäftsideen, so wie Jasmin aus dem
Iran (Seite 105). Er träumte schon früh davon, dass die
Schüler jeder Schule in den USA an und mit Compu-
tern lernen sollten. Später erzählte er: »Ich hatte etwas
über eine Million Dollar, als ich 23 war, über zehn Mil-

lionen mit 24 und mehr als 100 Millionen mit 25, und es war egal, weil ich es nicht fürs Geld gemacht habe.«

Seinen Mitarbeitern hämmerte er ein: »Eure Arbeit wird einen Großteil eures Lebens ausmachen, und der einzige Weg, wirklich zufrieden zu sein, ist, etwas zu tun, das ihr für großartiges Schaffen haltet. Und der einzige Weg, Großartiges zu schaffen, ist, wenn ihr liebt, was ihr tut. Und falls ihr es noch nicht gefunden habt, haltet Ausschau. Gebt euch nicht damit zufrieden. Genau wie bei allen Herzensangelegenheiten werdet ihr merken, wenn ihr es gefunden habt.«

Und woher kommt der angebissene Apfel bei Apple? Steve ernährte sich in den Siebzigern vegan, verschmähte Fleisch, aß viel frisches Obst. Warum also kein Apfel als Logo?

Carl Schurz – vom badischen Revolutionär zum Minister in den USA

Er hieß Carl Schurz, flüchtete aus Deutschland und wurde Minister in Washington. Welch ein staunenswertes und außergewöhnliches Leben: Der badische Revolutionär wurde 1849 in der Festung Rastatt gefangen genommen, konnte als politischer Flüchtling zunächst in die Schweiz fliehen und danach über England in die USA. Dort wurde er Innenminister und kämpfte gegen die Sklaverei, Rassismus, Kolonialismus und für die Rechte der Indianer.

Der im 19. Jahrhundert in Deutschland noch mit Balladen, Gedichten und Theaterstücken gefeierte Politiker Carl Christian Schurz ist heute aus dem lebendigen politischen Gedächtnis Deutschlands beinahe verschwunden. Sein Leben war von Eigensinn und politischem Ungehorsam geprägt.

1829 wurde Schurz in der Nähe von Köln geboren. Schon als Kind war er fasziniert von den USA, von der jungen Republik, in der es »nur freie Menschen gab«, keine Könige und keinen Militärdienst.

Er studierte schon als Schüler die Französische Revolution, schloss sich 1848 der demokratischen Bewegung an, gründete mit einigen Revolutionsfreunden den »Demokratischen Club« und gab danach die »Bonner Zeitung« heraus. 1849 nahm er an der badisch-pfälzischen Revolution teil, wurde bei Rastatt gefangen genommen, konnte in die Schweiz fliehen. Während er in der Festung auf seine Erschießung wartete, hatte er »wie durch einen Blitz« die Erinnerung an einen Abwasserkanal, über den er dann zusammen mit anderen Gefangenen fliehen konnte. Mit 23 Jahren war er in den USA gelandet. Sein künftiges Motto erinnert daran, was auch heutige Flüchtlinge nach gelungener Flucht und geglückter Integration manchmal sagen: »Wo die Freiheit ist, da ist das Vaterland.« In den Worten von Carl Schurz: »Ubi libertas, ibi patria.«

1850 befreite er in Berlin, wohin er illegal und unbemerkt gelangt war, seinen Lehrer und Mitrevolutionär Gottfried Kinkel aus dem Gefängnis. Er ließ den schweren Mann aus einer 20 Meter hoch gelegenen Dachluke an einem Seil auf die Straße. Der Freiheitskämpfer hatte es so eingerichtet, dass Kinkels Kerkermeister während der abenteuerlichen Flucht ausreichend bei einer großzügig mit Alkohol angereicherten Bowle zechten.

Seine Frau gründete später in den USA den ersten Kindergarten. Als Gegner der Sklaverei schloss er sich der Republikanischen Partei an und trug 1860 wesentlich zum Wahlsieg von Abraham Lincoln bei, weil er als glänzender Redner viele deutschsprachige Einwanderer von den Zielen der neuen Partei gewinnen konnte. 1865 forderte er das Wahlrecht für die früheren Sklaven als Bedingung für die Eingliederung der Südstaaten in die Union. 1877 war der frühere badische Revolutionär Innenminister der USA.

Er hatte seine badische Niederlage als Chance in seiner neuen Heimat begriffen und genutzt. Er reformierte den US-Staatsapparat und kämpfte erfolgreich für die Eingliederung der Indianer in die angloamerikanische Gesellschaft. Dieser deutsche Flüchtling leistete einen großen Beitrag für die US-amerikanische politische Kultur und war jahrzehntelang Repräsentant und Sprachrohr der Deutschamerikaner.

Seinen demokratischen Prinzipien blieb der Deutschamerikaner bis zu seinem Tod 1906 in New York treu. Auf seinem Sterbebett sagte er seinen anwesenden Kindern: »Ich will euch zeigen, wie man würdevoll stirbt.« Der Rheinländer und Sohn eines Dorfschullehrers war sein Leben lang dankbar für seine damals nicht selbstverständliche »höhere Schulbildung« und dafür, dass er »in Verhältnissen aufgewachsen war, die den Mangel nicht kannten, aber auch nicht den Überfluss, und so keine Art von Luxus zum Bedürfnis werden ließen«.

In Deutschland war sein Leben wegen seines politischen Engagements bedroht, in den USA aber machte der Flüchtling Karriere.

Meine Erfahrungen mit über 11.000 geretteten Boat People aus Vietnam

Mai 1979. In der Redaktion des politischen ARD-Magazins »Report Baden-Baden« ist der Fernsehkritiker Rupert Neudeck zu Gast. Er erzählt uns, dass er ein Schiff mieten wolle, um Boat People im Südchinesischen Meer zu retten, die damals zu Tausenden vor der kommunistischen Schreckensregierung in Vietnam geflohen sind. Neudeck schlägt uns vor, über die Rettungsaktion zu berichten. Wir waren skeptisch. »Wie willst Du diese Aktion, die Millionen Mark kosten wird, denn finanzieren?«, fragten wir ihn kleingläubig. »Keine Ahnung«, war seine Antwort, »aber ich weiß, dass wir helfen müssen, wenn Menschen ertrinken. Vielleicht verpfänden meine Frau und ich unser Haus in Troisdorf, um das Schiff zu finanzieren. Danach sehen wir weiter.«

Tausende Flüchtlinge waren damals bereits ertrunken. Hunderttausende waren noch auf der rauen See in klapprigen Booten unterwegs. Ihre Chance zu überleben schätzt Neudeck damals auf 50:50.

Am 24. Juli 1979 interviewe ich ihn live in »Report«. Knapp zehn Millionen Menschen schauen zu. Wir hatten ihm vier Minuten Sendezeit eingeräumt. Es ist sein erster Fernsehauftritt live. Der Fernsehkritiker ist aufgeregt, zumal ich ihm vorgeschlagen hatte, in diesen vier Minuten auch noch ganz langsam und zweimal für die Zuschauer zum Mitschreiben die Kontonummer seiner Hilfsorganisation zu sagen. Rupert Neudeck schildert glaubwürdig das beinahe Unmögliche: dass er ein Schiff chartern und Flüchtlinge im Meer retten wolle. Drei Tage später konnte er in der Stadtsparkasse Köln mehrere Säcke Spendenbelege abholen. Überwiegend Kleinspenden zwischen fünf und 20 D-Mark. Unsere Zuschauer hatten sich vom Schicksal der Flüchtlinge anrühren lassen und über eine Million Mark gespendet. Die Rettungsaktion konnte beginnen. Es meldeten sich freiwillige Helfer: Ärzte, Schwestern und Techniker. Aus Hamburg rief der Reeder Hans Voss bei Neudeck an und stellte sein Frachtschiff »Cap Anamur« zur Verfügung.

In den ersten Tagen zeigt sich kein Flüchtlingsboot an der vietnamesischen Küste. Aufgeschreckt durch die internationale Berichterstattung hatte die Regierung Vietnams die Flüchtlingswelle gestoppt. Also fuhr die Cap Anamur zur Insel Anambas und begann dort mit vier Ärzten und drei Schwestern mit der Versorgung von 36.000 Flüchtlingen aus Vietnam. Schon

Wochen später waren wieder tausend Bootsflüchtlinge auf stürmischer See unterwegs. Bis Mitte 1981 hat das deutsche Rettungsschiff mehr als 11.000 Boat People das Leben gerettet. Ein Hubschrauber an Bord hat die Suchaktionen nach den kleinen Flüchtlingsbooten in dem großen Südchinesischen Meer unterstützt. Das Schiff kostete pro Monat 235.000 Mark Miete, der Hubschrauber pro Tag 4.000 Mark. In »Report« haben wir noch mehrmals von den Rettungsaktionen berichtet. Die Zuschauer ließen sich anrühren und spendeten insgesamt über 15 Millionen Mark.

Die Boote der Flüchtlinge wurden damals oft von Piraten überfallen. Ein Geretteter berichtet: »Sie treiben uns in einer Ecke zusammen, um uns zu durchsuchen, besonders die Frauen und Kinder. Sie rissen ihnen die Kleider herunter und durchsuchten sie mit höhnischem Gelächter. Sie versuchten, sich an den Frauen zu vergehen. Am achten Tag sind wir dem Wahnsinn nahe, von Hunger, Durst und Verzweiflung gemartert. Aber plötzlich ganz am Horizont in weiter Ferne kam ein großes Schiff, grau, ja, grau und groß, näher und näher. Wir bemerkten, dass es kein Piratenschiff sein konnte. Dann sahen wir die Aufschrift: Cap Anamur. Wir wurden gerettet von der Cap Anamur.«

Helmut Schmidt, damals Bundeskanzler: »Das sind Menschen, die Asyl brauchen.« Oder Heinrich Böll, der die Aktion mitinitiiert hatte und Rupert Neudeck ermutigte: »In diesen Rettungsaktionen entdecke ich etwas selbstverständlich Menschliches ... Ich vergleiche die Situation der Menschen, die da im Chinesi-schen Meer um ihr Leben kämpfen, eher mit denen, die von der Mauer oder durch die wirklich nur unter Lebensgefahr zu überquerenden Sperrzonen zwischen der DDR und der Bundesrepublik an der Auswande-rung behindert werden. Ich denke, wir sollten wirklich zurückgehen auf das Urmotiv der Lebensrettung.« Böll argumentierte ähnlich empathisch wie jüngst Angela Merkel.

Oder der SPD-Politiker Herbert Wehner: »Die Cap Anamur ist für viele Betroffene die letzte Rettung vor dem sicheren Tod und für viele andere ein Anlass, an-gesichts des Leids, das sich Menschen gegenseitig zu-fügen, trotzdem nicht an unserer Welt zu verzweifeln.«

Rupert Neudeck nach diesem zuvor kaum für mög-lich gehaltenen Erfolg: »Die Kraft dieser Gesellschaft war größer, als wir sie ihr zugetraut hatten – man muss sie nur eindringlich informieren, darauf hinwei-sen, aufmerksam machen. Diese Aktion lebt nur da-von, dass ganz viele Bürger in unserem Land ebenfalls mit-machen, mit-denken, mit-handeln.« Rupert Neu-deck war für die Geretteten eine Art »Schlepper und Schleuser« – welch ein Ehrentitel. Heutigen Schlep-pern und Schleusern könnten wir ganz schnell ihre Geschäfte kaputt machen, wenn wir ganz legal und ordentlich Flüchtlinge mit Schiffen und Flugzeugen hierher holen würden. Da wir allen Syrern Asyl geben, könnten wir sie auch selbst zu uns holen – menschen-freundlich und ohne Todesgefahr. Während ich diese

Zeilen schreibe, erfahre ich, dass auch heute wieder sechs syrische Kinder im Mittelmeer ertrunken sind – das jüngste war sechs Monate alt.

Viele der geretteten Boat People sind heute in Deutschland erfolgreiche Unternehmer und haben Arbeitsplätze auch für Deutsche geschaffen. Und viele Unternehmer bedanken sich noch heute, dass sie damals motivierte und engagierte Mitarbeiter einstellen konnten: Das sind Deutsche aus Vietnam. Sie waren uns nicht nur willkommen – sie sind auch angekommen.

20 Jahre später, am Beginn des neuen Jahrhunderts, sind wieder Bootsflüchtlinge unterwegs – diesmal im Mittelmeer von Nordafrika nach Südeuropa. Wieder ertrinken Tausende.

»Wir ermorden sie«, schrieb ich 2013 im SPIEGEL über die Flüchtlinge, die wir im Mittelmeer ertrinken lassen. Damals verbaten sich einige Leser diese Überschrift. »Ich bin doch kein Mörder«, ereiferte sich ein Empörter, einer der »besorgten Bürger«. Wir werden jedoch schuldig, wenn wir Menschen retten könnten, sie aber trotzdem ertrinken lassen.

Im ersten Quartal 2015 hat sich die Zahl der Toten gegenüber dem Vorjahr mehr als verzehnfacht. Das Mittelmeer wird zu einem Massengrab. Bei der Lampedusa-Katastrophe 2014 sind an einem Tag 368 Flüchtlinge ertrunken. Martin Schulz, Präsident des EU-Parlaments, eilte damals ebenso wie Papst Franziskus an den Unglücksort und versprach vor den aufgereihten Särgen eine Wende der europäischen

Flüchtlingspolitik. Doch am 12. April 2015 ertranken schon wieder 400 Menschen. Das war nicht plötzlich und unerwartet, das war erwartbar und ist die billigste Art der Entsorgung von Flüchtlingen. Menschenrechte bleiben auf der Strecke, wenn europäische Rechtsstaaten sie nicht mehr beachten. Sie liegen tausendfach am Meeresgrund. Ende April 2015 die neueste Horrormeldung: bis zu 700 Flüchtlinge ertrunken.

Während die europäischen Binnengrenzen fallen, machen wir die Außengrenzen noch undurchlässiger. Wie viele müssen noch sterben nach dem Motto: »Selber schuld, dass ihr nicht schwimmen könnt!« Die europäische Flüchtlingspolitik erleidet Schiffbruch. Ein zehntausendfacher Skandal. Das Problem: Jeder Flüchtling, der nicht ertrinkt, stellt einen Asylantrag. Aber davor haben viele europäische Politiker Angst. Die Pegida-Demonstranten glauben, das »christliche Abendland« vor dem bösen Islam schützen zu müssen. Doch wie christlich ist dieses Abendland noch, wenn es Hunderte und Tausende direkt vor seiner Haustür, seinem »Mare nostrum«, unserem Meer, absaufen lässt, obwohl Schiffe da sind, die wie die »Cap Anamur« vor 35 Jahren im Südchinesischen Meer Flüchtlinge retten könnten?

Haupteinwand damals wie heute: »Wir können doch nicht alle retten.« Soll man deshalb diejenigen, die wir tatsächlich retten könnten, ertrinken lassen? Im Südchinesischen Meer sind etwa 250.000 Boat People ertrunken – hätte Neudeck auch die 11.340 Geretteten deshalb ertrinken lassen sollen?

Es war die italienische Marine, die von Oktober 2013 bis Oktober 2014 über 100.000 Flüchtlinge vor dem elenden Ertrinken gerettet hat. Keiner kann also sagen, Rettung sei nicht möglich. Deshalb kamen 2014 160.000 Flüchtlinge auf dem Seeweg lebend in Italien an – die bisher höchste Zahl. Aber Ende 2014 wurde die Aktion eingestellt – sie hatte nur einen Fehler: Sie hat zu vielen Menschen das Leben gerettet. Heribert Prantl hat in der Süddeutschen Zeitung vorgeschlagen, der EU den Friedensnobelpreis, den sie 2012 bekommen hat, wieder abzuerkennen. Ein zusätzlicher konstruktiver Vorschlag: Diesen Preis sollte jetzt die italienische Marine für ihre erfolgreiche Rettungsaktion bekommen und diese erneut starten. Es wäre eine Ermutigung, die Aktion sofort wieder aufzunehmen. Die EU müsste dafür pro Jahr um die 120 Millionen Euro aufbringen. Umgerechnet auf die 500 Millionen EU-Europäer wären das pro Nase im Jahr knapp 25 Cent. Will jemand ernsthaft behaupten, dass das reiche Europa und das noch wohlhabendere Deutschland dazu nicht in der Lage seien?

Wie ernst nehmen wir als Christen noch, was der wunderbare junge Mann aus Nazareth gesagt hat: »Was ihr für einen meiner geringsten Brüder getan habt, das habt ihr mir getan.« (Matthäus 25,40)

Ermorden wir also die Flüchtlinge, wenn wir weiter wegschauen? Deutschland und Europa leisten gewissermaßen Beihilfe zum Massenmord. Das Mittelmeer wird dabei als Verbündeter missbraucht. Wie lange noch?

Deutsche Gastfreundschaft hat Tradition

Meine 40-jährige Erfahrung als Fernsehjournalist und Moderator politischer Sendungen hat mich gelehrt, dass wir Deutsche das spendenfreudigste Volk in Europa sind. Allein für die Hilfsprojekte, die ich in meiner »Report Baden-Baden«-Sendung vorstellen durfte, haben die Zuschauer etwa einhundert Millionen Euro gespendet.

Das älteste Buch über uns Deutsche schrieb vor 2.000 Jahren der römische Geschichtsschreiber Tacitus: »Germania«. Über die Gastfreundschaft der Germanen schrieb er: »Der Geselligkeit und der Gastfreundschaft gibt sich kein anderes Volk verschwenderischer hin. Irgendjemanden, wer es auch sei, vom Haus zu weisen, gilt als Frevel … Nach Vermögen bewirtet ein jeder seinen Gast an reichlicher Tafel … Beim Gastrecht unterscheidet niemand zwischen bekannt und unbekannt. Mit gleicher Herzlichkeit nimmt man sie auf.« Diese Goldenen Worte über die deutsche Gastfreundschaft waren keine Einzelmeinung.

Schon zuvor hatte der römische Feldherr Cäsar in seinem weltberühmten und alle Lateinschüler noch heute quälenden Buch »De bello gallico« über uns Deutsche geschrieben: »Sie halten es für einen Frevel, einen Gast zu verletzen. Wer aus welchen Gründen auch immer zu ihnen kommt, den schützen sie vor Unrecht und halten ihn für unverletzlich. Alle Häuser stehen ihnen offen und die Bewohner teilen ihre

Nahrung mit ihnen.« Das Gastrecht zu verwehren galt unseren Vorfahren als Sünde.

Wir haben also einen guten Ruf zu verteidigen. Hier und jetzt! Heute und morgen! Spätere Generationen werden uns daran messen, wie wir mit den Flüchtlingen von heute umgegangen sind. Angela Merkel hat freilich recht, wenn sie betont, dass die heutige Flüchtlingskrise von der europäischen Union gelöst werden muss. Die Menschen fliehen nicht nur zum Euro, sie fliehen vor allem zum europäischen Rechtssystem, das Sicherheit und Freiheit bietet. Dieses europäische Rechtssystem meint jedoch nicht das Recht des Stärkeren, sondern die Stärke des Rechts. Die Stärke des Rechts aber zeigt sich wesentlich im Umgang mit den Schwächsten.

Das vorliegende Buch zeigt an vielen Beispielen, dass Integration möglich war und ist. Wir sollten diesem auch in der Zukunft möglichen Wunder wenigstens nicht im Wege stehen, sondern es nach Kräften fördern. Die europäische Einwanderungspolitik ist noch zu sehr von der Idee geprägt, die nationale Bevölkerung vor den Fremden schützen zu müssen. Diese Furcht trifft mehr für Ost- als für Westeuropa zu. Der »Zeit«-Reporter Wolfgang Bauer hat Syrien-Flüchtlinge über das Meer begleitet, er lebt in Schwaben und schreibt: »An meinem Wohnort Reutlingen ist in der Kernstadt der Ausländeranteil mittlerweile bei 60 Prozent, und das ist großartig. Die Stadt ist durch die Einwanderer lebenswerter geworden.«

Was tun?

Noch vor 30 Jahren war die Reise- und Niederlassungsfreiheit innerhalb Europas eine Utopie. Doch sie wurde innerhalb der letzten 20 Jahre realisiert. Ihren Anfang nahm diese neue Freiheit für Millionen Menschen in Osteuropa. Noch in den Neunzigern stammte die größte Gruppe der aus Deutschland Abgeschobenen aus Polen. Diese Zeiten sind vorbei. Nun steht eine neue Utopie auf der Tagesordnung.

Veränderungen entstehen, so der freie Journalist Miltiadis Oulios, wenn Menschen sich selbst zu Subjekten machen, wie 1989 in der DDR: »Wir sind das Volk.« Die zunehmende Subjektwerdung von immer mehr Menschen macht die globale Fluchtbewegung irreversibel – sie wird unterstützt durch die modernen elektronischen Medien. Als Bürger dieser Welt wollen immer mehr Menschen frei entscheiden, wo sie leben wollen – auch wenn sie nicht zu den Privilegierten gehören. Kosmopolitische Rechte können eine Zeit lang behindert werden, aber nicht auf Dauer. Die heutige Politik der »Duldung« oder »Abschiebung« verursacht unermessliches menschliches Leid. Eine kluge Politik wird den Kreis derer, denen Reise-, Bewegungs- und Niederlassungsfreiheit zusteht, permanent erweitern. Die längste Reise beginnt mit dem ersten Schritt. Die Utopien von heute waren schon immer die Realitäten von morgen. In einer globalisierten und mobilen Welt werden auch die Menschen mobil und laufen einfach los.

Vor 60 Jahren wurde das erste »Gastarbeiter-Anwerbeabkommen« geschlossen – zwischen Deutschland und Italien. Wer hätte damals gedacht, dass Millionen Italiener, Spanier, Portugiesen, Türken, Griechen und ihre Familien in Deutschland integriert werden können? Wer sich noch an die damaligen Vorurteile erinnert, kann nur von einem »Wunder« sprechen – ähnlich wie beim ersten »Flüchtlingswunder«, als nach 1945 Millionen ostdeutsche Flüchtlinge integriert werden konnten – die Voraussetzung für das »Wirtschaftswunder« nach dem Krieg. Es würde mich also gar nicht wundern, wenn wir in Deutschland 2025 und 2026 im Rückblick auf 2015 und 2016 erneut von einem »Wunder«, dem Flüchtlingswunder, sprechen werden. Die deutsche Wirtschaft träumt schon heute davon, dass Flüchtlinge Gold wert sind. Sie werden Deutschland bereichern, verändern und erneuern.

Entscheidend für eine gelingende Integration ist aber etwas ganz anderes als die Ökonomie: Gott hat jedem Menschen das Leben geschenkt. Also hat jeder Mensch das Recht auf ein Leben in Würde. Jede und jeder. Und überall. Solange wir von der europäischen Wertegemeinschaft sprechen, müssen wir Flüchtlinge retten – und zwar so viele wie möglich. Andernfalls verraten wir unsere christlich-humanistischen Wurzeln.

Ob prominent oder nicht prominent, ob Jesus oder der Dalai Lama, ob Theresia aus Budapest oder Jasmin aus dem Iran, ob Steve Jobs oder Gastarbeiter, ob Arzt aus Syrien oder Krankenschwester aus Indien: Die Geschichte der Menschheit war schon immer auch eine Geschichte von Flucht und Vertreibung, von Angst vor Bürgerkrieg und der Suche nach Arbeit, vom Wunsch nach einem besseren Leben oder dem Willen nach einer Zukunftsperspektive für die Kinder.

Noch wichtiger, als Flüchtlinge aufzunehmen, ist es, die Fluchtursachen wirklich zu beseitigen. Dafür können und müssen wir zusammen mit den Menschen vor Ort drei Dinge tun? Erstens: Erneuerbare Energien ausbauen – Afrika und die Sonne, welch eine Chance! Zweitens: Bildungspotentiale fördern. Und drittens: Wasserversorgung sicher stellen. Wenn wir dies intelligent anstellen, dann muss in vielleicht einer Generation kein Kind mehr hungern oder verhungern. Und keiner muss mehr fliehen, wenn wir den Hunger ins Museum der Geschichte gestellt haben.

Zum Abschied und Geleit, liebe Leserinnen und Leser, ein Hoffnungsstrahl kurz vor Weihnachten 2015: Auf dem Weltklimagipfel in Paris einigen sich alle 195 Staaten der Welt und die EU erstmals auf ein Klimaschutzabkommen, das diesen Namen verdient. Das heißt: Es wird vielleicht und hoffentlich weniger Klimaflüchtlinge geben, als ich noch beim Schreiben dieses Buches befürchtet habe. Erstmals in der Menschheitsgeschichte zeichnet sich ein Denken für die *eine* Menschheitsfamilie ab.

Die Neudeutschen aber, die in diesen Jahren zu uns Altdeutschen kommen, ob Muslime oder Christen, ob Atheisten oder Juden, ob Aleviten, Jesiden oder Agnostiker, sollen sich in unserem schönen Deutschland sicher, wohl und willkommen fühlen. 2015 haben Millionen Deutsche gezeigt: Ja – wir können mehr! Die »Flüchtlingskrise« hat die Bürgergesellschaft gestärkt.

4.
SELIG SIND,
DIE FLÜCHTLINGEN HELFEN

Diebe, Machos und Frauenfeinde haben in der Silvesternacht am Kölner Hauptbahnhof Randale veranstaltet. Daraufhin haben über 500 Frauen Anzeige wegen Diebstahls und sexueller Belästigung erstattet. In sozialen Netzwerken, bei vielen Politikern und bei einigen Kommentatoren wird nun gleich die ganze christlich-humanitäre Flüchtlingspolitik in Frage gestellt.

Sollen nun wieder Flüchtlinge ertrinken, Kinder verhungern und Familien auf der Balkanroute sterben? Geltendes Recht ist: Wer kriminell wird, entzieht sich selbst den Schutz des Gastlandes und kann ausgewiesen werden. Das sollte rasch geschehen. Der Rechtsstaat darf sich weder von betrunkenen Nordafrikanern auf der Nase herumtanzen lassen noch darf er rechten deutschen Dumpfbacken das Feld überlassen.

Für Christen und Humanisten aber gilt die Flüchtlingspolitik des Mannes aus Nazareth, selbst ein Flüchtlingskind, und diese heißt klipp und klar: »Selig sind die, die Flüchtlinge vor dem Ertrinken retten und sie nicht in ihrem Elend auf ihrer Flucht liegen lassen.« Köln darf nicht zu einem Alibi für Inhumanität, Gleichgültigkeit und Ausländerhass werden. Kardinal Marx sagt zu Recht: »Für uns Christen gibt es gar keine Ausländer, sondern nur Kinder Gottes, also Brüder und Schwestern.« Die Pfarrerstochter Angela hat das verstanden und ihre Partei an das »C« erinnert. Auf dem Karlsruher Parteitag Mitte Dezember 2015 war ihr die CDU noch gefolgt. Aber nach Köln sind viele Konservative schon wieder Wackelkandidaten.

Tatsache ist: Täglich verdursten in der Sahara Flüchtlinge, viele ertrinken im Mittelmeer oder ersticken in einem mit 71 Menschen vollgestopften LKW in Österreich. Sie erleben seit Jahren Bombenhagel in Syrien oder im Irak. Frauen werden vergewaltigt. Kinder kommen ohne Eltern nach Deutschland. Und viele haben es einfach satt, immer hungrig ins Bett gehen zu müssen.

An Weihnachten 2015 hat Pegida zum Weihnachtslieder-Singen eingeladen. Sie singen: »Macht hoch die Tür, die Tor macht weit…«, aber sie fordern zugleich: »Macht die Grenzen dicht.«

Seltsam auch, dass dort, wo die wenigsten Christen leben, der Wunsch am größten ist, das christliche Abendland zu verteidigen: in Sachsen!

Barmherzigkeit ist der Name Gottes, sagt Papst Franziskus. Migration und Integration werden in den nächsten Jahren zu Prüfsteinen für die Qualität unserer freiheitlichen Demokratie. An manchen Tagen denke ich: »Ihr lieben Ausländer, lasst uns mit diesen Deutschen nicht allein.«

Weitere Infos: www.sonnenseite.com

Literatur

Alt, Franz und Dalai Lama: Ethik ist wichtiger als Religion, Benevento 2015

Alt, Franz: Was Jesus wirklich gesagt hat, Gütersloher Verlagshaus 2015

Alt, Franz: Deutschland ist erneuerbar, Aufbau-Verlag 2008

Alt, Franz; Gollmann, Rosi; Neudeck, Rupert: Eine bessere Welt ist möglich, Riemann-Verlag 2004

Brinkbäumer, Klaus: Der Traum vom Leben. Eine afrikanische Odyssee, Fischer-Taschenbuch 2011

Dalai Lama: Meine spirituelle Biografie, Diogenes 2009

El-Gawhary, Karim und Schwabeneder, Mathilde: Auf der Flucht. Reportagen von beiden Seiten des Mittelmeers, K&S 2015

Englisch, Andreas: Der Kämpfer im Vatikan, C. Bertelsmann 2015

Fuhrhop, Daniel: Verbietet das Bauen, oekom Verlag 2015

Han, Petrus: Soziologie der Migration, UTB 2009

Heckmann, Friedrich: Integration von Migranten, Springer 2015

Koser, Khalid: Internationale Migration, Reclam 2011

Kursbuch 183: Wohin flüchten? September 2015

Merz, Esther-Marie und Schwabeneder, Mathilde: Franziskus. Vom Einwandererkind zum Papst, Styria premium 2013

Neudeck, Rupert: Das Jahrhundert der Flüchtlinge, VTV-Offizin 1980

Neudeck, Rupert: Es gibt ein Leben nach Assad. Syrisches Tagebuch, C.H.Beck 2013

Oltmer, Jochen: Globale Migration. Geschichte und Gegenwart, C.H.Beck 2012

Papst Franziskus: Laudato si. Die Umweltenzyklika des Papstes, Herder 2015

Papst Franziskus: Der Name Gottes ist Barmherzigkeit, Kösel 2016

Reschke, Anja (Hrsg): Und das ist erst der Anfang. Deutschland und die Flüchtlinge, Rowohlt 2015

Treibel, Annette: Integriert Euch! Plädoyer für ein selbstbewusstes Einwanderungsland, Campus 2015

Bildnachweis